7日間でなりたい私になれるワーク

# 潛意識魔法

## 七天創造你的理想人生

大石洋子——著　陳怡君——譯

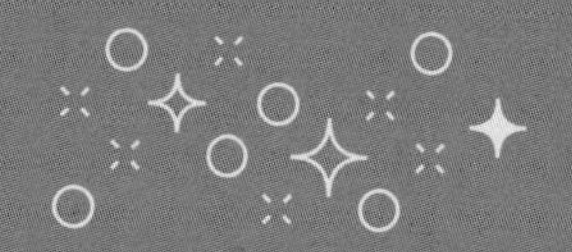

# 前言

不管是誰都會希望自己的未來充滿光明與希望吧？
現在，你或許會想「現實才沒那麼簡單～」吧？
我以前也是這麼想的。
但事實上，現實就是這麼簡單！
當我理解到「思考的機制」後，才意識到世界對我是非常友善的。
你們當中可能有人會想「啊～那個人真幸運」。
本書就是為了會這麼想的人寫的！
接下來七天要不要試著做些與平常不同的嘗試呢？

要不要試試跟著「過於樂觀」的我，一起做一些簡單的練習呢？
我能肯定，七天後，你也能變成「值得恭喜」的狀態。
你會察覺到自己非常了不起，會更加熱愛你人生的一切。

**生命就是拿來享受的。**

當你深信「生命就是拿來享受的」，你就能成為「理想中的自己」。

思考學校校長　大石洋子

# 序

大家好，我是思考學校校長大石洋子。

首先，感謝各位拿起這本書。

冒昧問大家一個問題，請問你現在有什麼煩惱嗎？

模糊的也好，具體的也行，我們每天都懷抱著煩惱、不安與焦慮等各種負面情緒。但是，那絕對不是件壞事。

因為人就是這樣的生物。

在進入正題前，先讓我自我介紹。

【自我介紹】

## 大石洋子（OISHI・YOKO）

1974 年出生於橫濱中華街，是有著父親、母親與妹妹的 4 人家族。30 歲時嫁到北海道，並孕有一子。因為曾經從事過兒童右腦開發的工作，對育兒充滿信心，但實際開始養育小孩後卻一塌糊塗。因丈夫很忙而成了偽單親家庭，結果得了產後憂鬱症。為了擺脫無依無靠的困境，回去從事懷孕前在自家經營的芳香沙龍，但反而為事業所苦，生活更加混亂不堪⋯⋯。

39歲時逃跑似地回到關東，但生活依然不順利。某天，偶然看到一本《用 100% 自我原因來思考事物》（暫譯。100% 自分原因說で物事を考えてみたら。秋山まりあ，パブラボ出版）後，被其中介紹的「思考機制」打動，重新審視自己一直以來的想法，結果，現實順利發生好的變化。透過這次的經歷和學習，為了幫助更多人了解「思考的機制」，創辦了思考學校。

那麼，雖然進行了簡單的自我介紹，在了解到思考的機制之前，我的人生經歷了很多苦難。

閱讀本書的人當中，或許有人會覺得：

「才這點程度而已。」

「我才比較辛苦。」

每個人都是懷抱著不同的痛苦與苦楚生活著。

而我正是知道了「思考機制」，才能順利地使各種狀況往好方向發展。

首先來簡單說明關於思考的機制吧（詳細內容會與七日練習一起說明，這邊先知道大概即可）。

## 意識的種類和現實間的關係

雖然有點突然，但你認為人在一天當中會思考多少次呢？

答案是高達六萬次！

或許有人會想：

「不可能思考這麼多次吧。」

「真的是六萬次？」

我們除了刻意思考之外，也會在無意識中思考很多次。

「今天要吃什麼？」

「廁所衛生紙用完了，該來補貨了。」

「要買粉色的洋裝還是黃色的襯衫好呢？」

等等，實際上會進行各種各樣的思考。

思考分為在**顯意識中進行**與在**潛意識中進行**的兩個種類。

大家能察覺到的稱為顯意識，不能察覺的則稱為潛意識。潛意識占據意識當中的百分之九十五，而現實是根據潛意識中的想法形成的。在顯意識中的所思所想（統稱為思考）全部會累積在潛意識中。而且，潛意識中的思考累積到一定的量，就會化為現實。

例如，在潛意識留下「想吃蛋糕」的想法後，就會得到蛋糕；一直想著「考試要合格」最終就能合格；或是不斷想著「那個人真討厭！」對方就會出現在你面前。

不管是好事還是壞事，都是**你的想法創造出來的**。

在思考學校的講座中，許多人都有「到底該怎麼在潛意識中累積想法呢？」的疑問。

其實，日常生活中讓潛意識累積思考的方法就在眼前，那就是夢。

就寢時，一天六萬次的思考就會輸入進你的潛意識中。潛意識累積了你至今為止的所有想法，正因為保存了很多，所以是亂七八糟的狀態。

雖然夢大多沒有條理、會出現一堆人事物等各種各樣的場面，但這正是潛意識的世界。

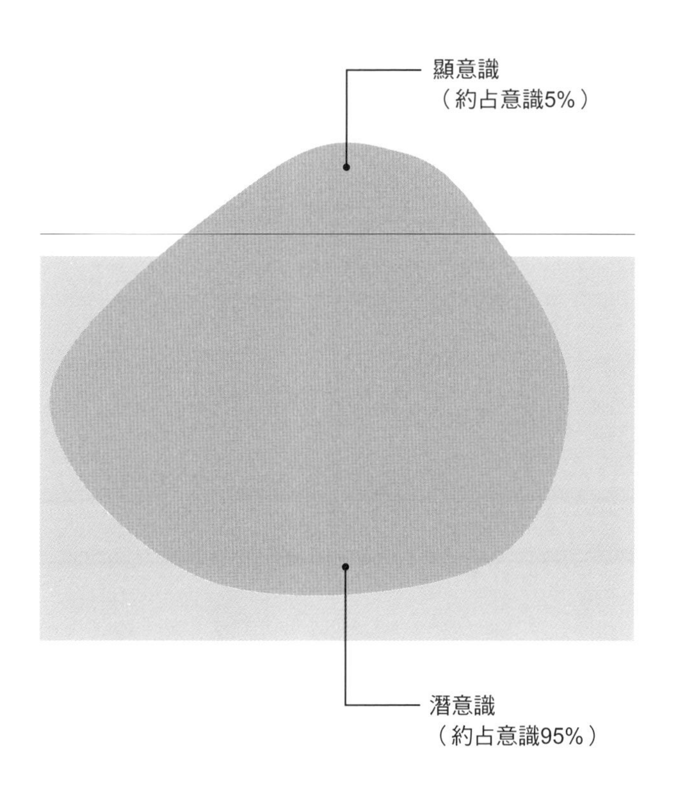


**圖 1　用冰山來比喻顯意識及潛意識**

另外，潛意識具有**「分不清主語」**的特性。

換句話說，在潛意識中，別人對你的看法或自己的看法是一樣的。

每天就寢時那些持續在加載的思考，**會停留在潛意識中，並在到達一定的量後轉化為現實。**

再者，根據停留在潛意識的思考量（以下稱為思考的量），顯現的方法也各有不同。若思考量少，就會在離你較遠的地方發生；若思考量多，則會在周遭現實化。

所以為了能達成願望或成為理想的自己，就須要在潛意識中留下一定量的「理想中的自己」的思考。

這時，一旦顯意識與潛意識彼此背離並產生距離，我們就無法過上想要的人生，其結果就是感到痛苦、充滿煩惱。

特別是孩提時代（大約零～六歲），這段期間的思考會作為根基累積在潛意識中。因此，為了實現願望或夢想，孩提時代的思考是關鍵。

在本書的後半部會詳細講解這件事。

相反地，若顯意識與潛意識擁有相同的想法，就能及早將想法轉化為現實。潛意識中的想法愈明確，並與顯意識的想法統整成一塊，愈能加速思考現實化。

＊＊＊

讀者們有漸漸了解關於「思考的機制」了嗎？

本書的目的不是對已發生的現實進行對症治療，而是讓讀者在七天內了解潛意識，並與之產生連結，以能夠從根本改變，又或者是能夠不再重蹈覆轍。

這是我在從事十年以上的諮商及療癒工作中所發現的，可以讓許多深陷於嫉妒、受害者心態、攻擊性思考、焦慮等思考模式的人，用最簡單的方式進行改善。為了能在日常生活中練習，我盡可能將每個方法都極簡化。

希望讀者能確實面對這項練習，以改變眼前困境。

在練習的過程中，會逐漸出現以下的變化。

能理解思考現實化的機制

⬅

知道該如何解決煩惱及問題

⬅

比以前更喜歡自己

⬅

比以前更相信自己

⬅

變成「理想中的自己」

每天更了解自己一點、打從心底憐愛自己，實際體驗到在七天後變成「理想中的自己」！

本書也會介紹實際進行練習後獲得的美好體驗。七天後的你，臉上肯定會綻放出燦爛的笑容。

那麼，一起來好好享受吧！

# CONTENTS

## ✦關於在本書登場的「小顯」與「小潛」

了解「思考的機制」、改變自己的思考，對與潛意識取得連結很重要。

為了與潛意識進行連結，首先要承認潛意識的存在。而且，與自己的潛意識對話後，所思所想也會跟著改變。

為了讓讀者更好想像這兩種意識，本書中會以「小顯」（顯意識）與「小潛」（潛意識）的方式登場。

小顯與小潛的形象因人而異。

不管是天使、少女，或是白鬍子老爺爺、光球、花朵、湖水、另一個自己、小時候的自己都可以。

請務必將自己的小顯與小潛形象化。

# Day 1

# 我想要的究竟是什麼？

# 你真的想要實現這個願望嗎？

「你現在有想實現的願望嗎？」

「你認為你的願望不會實現嗎？」

第一天的目標是明確找出想實現的願望。

如同在序章中提到，人的意識中有**小顯**與**小潛**。

因為這兩個意識之間有差距，在小潛中就多會生出「雖然想實現，但我並不想讓它發生……」的想法。

第一天將詳細介紹小顯與小潛，並解說讓大家察覺到那道鴻溝的練習。

透過理解兩個意識間的差距，就能確定自己真正想實現的願望，並更靠近「理想中的自己」。

為了知道小顯與小潛之間的差距，這項練習須要分為兩個部分。

那麼就先來介紹第一個練習吧。

## Work 1-1 察覺到願望無法實現的原因的練習

~難以實現的願望~

（推薦度五分）

這項練習能讓你知道小顯的問題。
知道了小顯的問題後，就能明確知道與積存在小潛中思考的差距。

〈事先準備的物品〉
・鉛筆或者是原子筆（任何顏色都可以）
・A4大小的紙張或是B5大小的筆記本

〈步驟〉
・請分別寫下下列五類你自覺「難以實現的願望」

1.人際關係（伴侶、喜歡的人、親戚、朋友、同事）

例）明明想交男朋友，但總是遇不到喜歡的對象。

2.工作・技能

例）讀了好多年的書但始終考不到證照。

3.金錢

例）明明想存錢但支出一直增加。

4.家庭・家人

例）沒有霸凌的問題但兒子就是不願意去學校。

5.其他（健康、減肥、居住環境等）

例）成功減重後又復胖。

✦練習

1. 人際關係（伴侶、喜歡的人、親朋好友、同事）

2. 工作．技能

3. 金錢

4. 家庭・家人

5. 其他（健康、減肥、居住環境）

大家覺得如何呢？

有寫出些什麼嗎？

接著先暫且擱置剛剛寫的「難以實現的願望」。

首先來詳細解說人類的兩種意識吧。

## 關於小顯與小潛

不管是好事或壞事，我們在一天之中會思考各種各樣的事情。每天也會體驗到沒精神、悲傷、憤怒、開心、平穩等不同的心情。而這些思考全都會停留在小潛中，並在達到一定的量後化為現實。

**「小潛的思考量累積到一定程度後會將之現實化」**是重點。

例如，如果最近在想的事馬上就實現了，就能容易理解「因為最近總想著這件事，所以就應驗了」。

但是，根據思考量的多寡，在化為現實之前會產生延遲。雖然小顯會忘記好幾年前靈光一閃的想法，但隨著一點一滴的累積，突然在某一天，「我明明沒想過這些事！」的事情就出現在眼前。

事實上，以前想過的事會不斷累積在小潛裡，並突然化為現實，只是之前都沒注意到而已。

## 小顯與小潛的差距

在這個世界上，會有心口不一的人。想必你身邊就有這種人吧。說不定你就是這類人。

回顧我自己的情況也是，明明口中說著好話，但行動卻與之不符，或在內心謾罵……。在理解思考的機制以前，這樣的事一直發生。

如同「思考現實化」字面上的意思，與嘴裡說著好話或是些無傷大雅的事無關，心中的「想法」會連續不斷地積存在小潛中，並創造出與之相符的現實。

即便小顯想著「想成為這樣」「想做這件事」，若小潛沒有相同的想法，小顯的想法就不會實現。

例如「想成為這樣」「想做這件事」的理由如下：

- 因為大家都這樣
- 雖然沒有特別想要這樣東西，但若手裡沒有會擔心其他人怎麼看我
- 因為父母會這麼說

……等等。無論列舉得多有邏輯，追根究柢，只要小潛有「不需要」的想法，小顯就無法將「想成為這樣」「想做這件事」轉變為現實。

同時有著「想實現那個願望」和「若那個願望實現了會很困擾」這兩種極端的想法，就像是一起踩下油門及煞車般，兩種想法產生對抗，小潛就會困擾著「到底是哪個？」

只要知道了思考的機制，就能輕易改變自己的想法。相信讀完本書後，你就能確實掌握思考的機制。

那麼，在解說了兩種意識間的差距後，接下來就來介紹挖掘積存在潛意識裡思考的練習吧。

Work 1-2

# 能察覺到為何願望無法實現的練習

～填補差距的方法～

（推薦度十分）

這項練習是重新檢視在Work1-1發現的「小顯的問題」，並填補與積存在小顯中思考的差距。

〈事先準備的物品〉

・鉛筆或者是原子筆（任何顏色都可以）

・在Work1-1寫下「難以實現的願望」的紙或是筆記本

〈步驟〉

1. 重新檢視在Work1-1寫下的「難以實現的願望」，把察覺的事寫下來

2. 若發現到步驟1中的負面想法，就進行步驟3 ⬅

※若無法察覺到負面想法，可以試著想想看「有沒有什麼事是若立刻實現了難以實現的願望就會令自己感到困擾的呢？」

※若完全沒有負面想法，除了可以試著思考「為什麼願望會難以實現呢？」也建議先試著閱讀一下第三十二頁以後的例子。此外，也推薦跟其他人一起做這個練習。

3. 如實地接納在步驟2察覺到負面想法 ⬅

✦重點

① 不要評價自己的負面想法是好是壞，承認「原來我是這樣想的啊。我了解了」並接受自己的感受就好

② 留意只要停留在接受自己負面想法的階段，不要讚揚正向想法

③ 認定「我是世界上最了解自己的人」

✦練習

*重現檢視在Work1-1寫下的「難以實現的願望」，並把在意的事寫下來

＊＊＊

接下來介紹幾個學員們進行這項練習後的結果

**例1：A子（二十多歲．女性）**

．難以實現的願望

明明想交男朋友，卻總是遇不到喜歡的對象。

．重新檢視願望後察覺到的事

仔細想想，沒有男朋友過得比較舒適、開心且自由！不認為交男朋友是必要的，目前還想持續過著這樣開心的生活！似乎認為「大家都有男朋友，就我自己沒有是不是不太好──」

．接納自己的負面思考

「沒男朋友的我好糟喔──」原來我是這麼想的。無論怎麼想都可以，不是什麼不好的事。

**例2：M子（三十多歲・女性）**

**・難以實現的願望**

為了考取證照讀了很多年的書，卻一直沒考上。

⬅

**・重新檢視願望後察覺到的事**

雖然想著「這種公司乾脆辭職算了！」並透過考取證照進到更好的公司，但其實只是想讓看不順眼的上司刮目相看，根本不想考證照。

⬅

**・接納自己的負面想法**

只是想讓看不順眼的上司刮目相看才想考取證照啊……。沒錯，我非常理解這種心情喔，是想讓上司看到這麼努力的自己吧。

例3：R子（四十多歲・女性）

・難以實現的願望

明明想著要存錢，支出卻一直增加。

・重新檢視願望後察覺到的事

根本沒有想存錢的欲望。想著萬一出了什麼事跟父母要錢就好。

・接納自己的負面想法

原來我總想著「父母理所當然會幫我」啊。或許我認為若是存了錢，「就無法向父母撒嬌了」呢。能察覺到真正的想法真是太好了。

＊＊＊

像這樣，難以實現的願望背後其實都有著不想實現的想法。或許有些人會因此受到衝擊，或隱約發覺內心真實的想法。

可是話雖這麼說，還是會想著「果然還是想交男朋友」「還是想要錢」「想考些證照」吧。

寫下並重新檢視難以實現的願望，就能知道小潛不想實現的原因。察覺到對願望的「負面想法」是非常重要的。

若無法意識到負面想法，小潛就會在不知不覺間累積許多負面想法。

話雖這麼說，但我們其實隱約有察覺到自己的負面思考。可是因為不想面對負面的自己、畏縮的自己、腹黑的自己及心術不正的自己，才總是假裝沒看到。如此，就容易讓小潛累積負面思考，並創造出非常不得了的負面現實。這樣會很困擾吧？

為此，必須像Work1-2般，誠實面對自己的負面想法。若能面對自己的負面想法，小潛也能停止增加負面思考。

小濳的思考累積到一定的量就會轉變為現實，若能停止增加負面想法，就會轉為累積「想實現的願望」的想法。這麼一來，「想變成這樣」「想做這件事」就會變成現實。

下定決心陸續解放尚未察覺的負面想法吧。負面想法絕對不是「不好的」，我們只是至今還沒機會學會處理它的方法，所以才束手無策。

①若不察覺並面對負面想法，
就會不斷累積負面思考

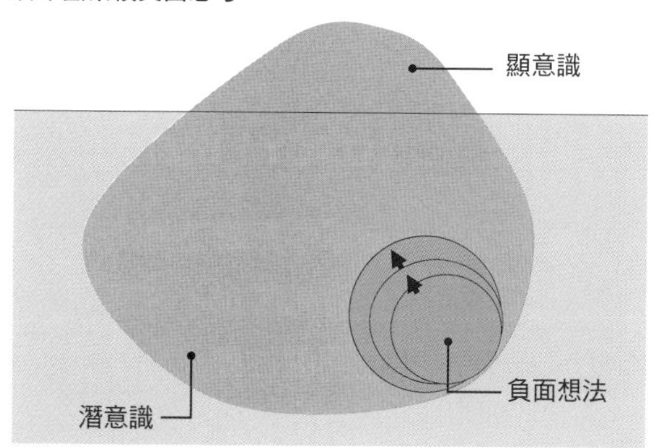


②發覺並承認負面想法，負面想法就會停止增加，改為不斷積存「想實現願望」的思考

逐漸增加！
希望・願望・實現夢想！
思考化為現實！

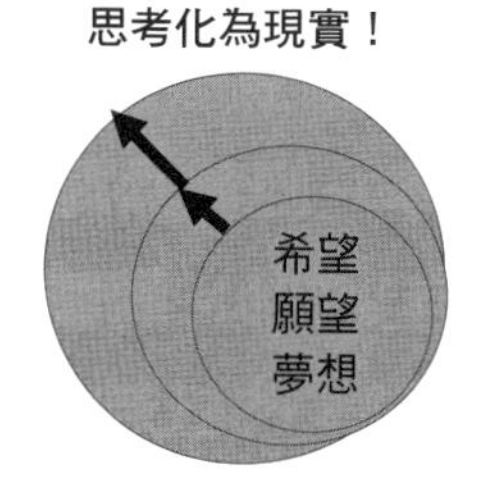


突然停止！不再增加！

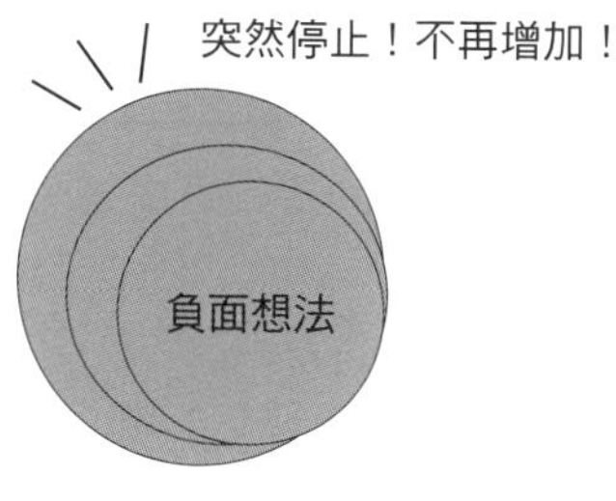


●希望・願望・夢想無法實現時
與原本願望有關的思考＜負面想法
（不知不覺中每天都在增加）

●希望・願望・夢想實現時
與原本願望有關的思考＞負面想法
（意識到後就增多了起來）

**圖 2　承認負面想法後思考將化為現實**

# Day 2

# 周遭的人會送來你想要的東西

## 嫉妒是讓你遠離幸福的真正原因

Ｄａｙ2的部分將介紹，若不知道「思考的機制」就無法順利將思考化為現實的原因，並進行能改善這現象的練習。

要順利將思考化為現實有一個重點，就是要先**確實理解「嫉妒的原因」**。

你或許會想：「為什麼要將思考化為現實會與『嫉妒』有關呢？」

以下就來詳細解說思考與嫉妒吧。

例如當你在心中想著「好想要有男朋友」，正好熟人交了男朋友、朋友交了男朋友、姐妹交了男朋友……。

那本該是件值得開心的事，但你是否湧現出了一股莫名的煩躁感？說不定有些人還產生了類似憤怒的情緒。

我在與學員的諮商中，這類型的煩惱絡繹不絕。

明明該為親近的朋友獲得幸福感到開心，卻無法坦率地祝福朋友，於是便對這樣的自己感到厭惡。

但其實不須要自我厭惡，因為我們只是還不知道為何會對親近者獲得幸福而感到煩躁以及應對法，就只能任由這樣的情緒蔓延而已。

只要理解嫉妒，就能接收到來自自己小潛的美妙訊息。

另外，請各位安心！也有應對法能讓你不會對他人的幸福感到煩躁。

那麼就來談談之所以引發「嫉妒」的真正原因吧。

## 思考現實化逐漸在靠近

在序章中提到了「依據累積在小潛中的思考量，在現實顯現的方法不盡相同」（參考第十頁）。

**思考的量少會顯現在遙遠的地方，多則會顯現在身邊。**說是這麼說，在思考化為現實之前，能夠實現你的希望、願望或夢想的人，會不斷出現在你身邊。

例如若是「想交男女朋友」的思考量累積在小潛裡的很少，就會突然看到女明星交到男友的新聞等等，亦即該思考在離你「遙遠的地方」化為現實了。

接著，若思考量一點一滴增加，先是身邊的熟人會先交到男女朋友。再多積存一點後，就是朋友交到了男女朋友。

像這樣，你的思考在小潛中積累得愈多，思考就會在愈「靠近」你的地方化為現實。

**當身旁出現思考化為現實的人，下一個就會輪到你。**

也就是說，當思考開始化為現實，自己的想法就正逐漸在物理的意義上接近自己。

此刻，小潛會向你發出「**只差一步就能實現願望！**」的美妙訊息。

若是不知道這個「思考的機制」，就會陷入單純認為身旁的人都得到了自己想要的東西，但偏偏自己沒有的狀態中，所以就會被「嫉妒」的情緒給困住。

## 「嫉妒」是怎麼一回事呢？

嫉妒是憤怒的其中一種表現，是**「我得不到那樣東西，但那個人卻拿到了，很不甘心」的感覺**。

試著將嫉妒化為語言後，會發現那是多麼可怕的負面情緒……。因為嫉妒的能量很強烈，被困於嫉妒的情感中後，**「我得不到那樣東西，但那個人卻拿到了，很不甘心」**的想法，會伴隨著情感性衝擊而沉沉地積累在小潛中。

「任由情感恣意流動」時，不管是好是壞，小潛的力量會更容易發動。也就是說，用非常快的速度在小潛中累積你的想法，想法就會化為現實。

例如，嫉妒A子交到男朋友的你，滿腦子都會是「我交不到男朋友」，而這樣的想法會快速積累在小潛裡，接著就會迎來「我交不到男朋友」的現實。

朋友A子都交到男朋友了，說不定下一個就會是你。好不容易在你身邊發生了現實化的跡象，這樣不是很可惜嗎？

知道了嫉妒與思考間的關係後，你是否能理解到「嫉妒什麼的沒有必要」呢？

甚至反而會認為：

**「我能將想要的東西吸引得越來越靠近自己，真棒！我好厲害！恭喜！下一個就輪到我了！」**

會為思考現實化即將到來而感到喜悅。

圖 3　思考的現實化正逐漸靠近中

那麼，以下就來介紹擺脫嫉妒心的「和嫉妒心說掰掰，讓思考順利化為現實」的練習吧。

## Work 2

# 放下嫉妒心讓思考順利化為現實的練習（推薦度十分）

請盡可能在安靜場所及放鬆的狀態下進行這項練習。

若能以「認真傾聽內心聲音」的心情進行這項練習，就能提早感受到效果。

〈事先準備的物品〉

・鉛筆或者是原子筆（任何顏色都可以）

・A4大小的紙張或是B5大小的筆記本

〈步驟〉

1. 想一下你想達成的願望或是想獲得的東西，並寫下來

2. 在心裡詢問自己，對於身邊已經獲得步驟1中所寫東西的人，是否有焦躁或憤怒的感受，並寫下那些人的名字

⬅

3. 誠實面對並寫下「老實說我嫉妒〇〇先生／小姐！」

⬅

4. 在步驟3寫的文句上畫一個大叉叉

⬅

5. 說出對小潛感謝的話語

⬅

「我對〇〇先生／小姐的嫉妒是錯誤的。其實不久後，我也將得到□□（寫在步驟1中的東西）會出現的信號！所以我真棒呢！恭喜我自己！謝謝小潛告訴我這件事。」

✦練習的重點

①動手「寫下」

②發聲「說出來」

※儘可能不要顯得陰鬱，而是以開朗、微笑的表情說出來

③與小潛的對話最好能像小潛就在你面前一樣

因著這些行動，想法會確實輸入進小潛裡，所以別偷懶，要好好做

＊＊＊

養成習慣，時常在內心詢問自己：「我是怎麼想的？」「有什麼感受？」這麼做很重要。

當學會這些做法，就不再會過度累積對你來說是不好或是負面的想法（參考Ｄａｙ1的第三十五、三十六頁）。

✦練習

**＊想實現的願望、想得到的東西**

**＊老實說**

老實說，我「嫉妒　　　　　先生／小姐！」

**＊說出口的話**

我對「　　　　」先生／小姐的嫉妒是錯的。其實，我不久後也將獲得

「　　　　　　　　　　　　」

會成為現實的信號！

所以，我真棒呢！恭喜我自己！

謝謝小潛告訴我這件事！

＊＊＊

接著來介紹各種事例吧。

## 例1：關於戀愛　N子（三十多歲・女性）

1. 想實現的願望・想得到的東西

很棒的男朋友。

⬅

2. 對於身邊已經獲得自己想要東西的人有何想法

與我相比，完全不可愛的友人S好像交到男朋友，還跟對方很恩愛的樣子。明明我比較拚命努力！真是太狡猾了！

⬅

3. 寫在筆記本上

「老實說，我嫉妒S！」

⬅

4. 畫上叉叉

在步驟3寫的內容上畫上一個大叉叉

⬅

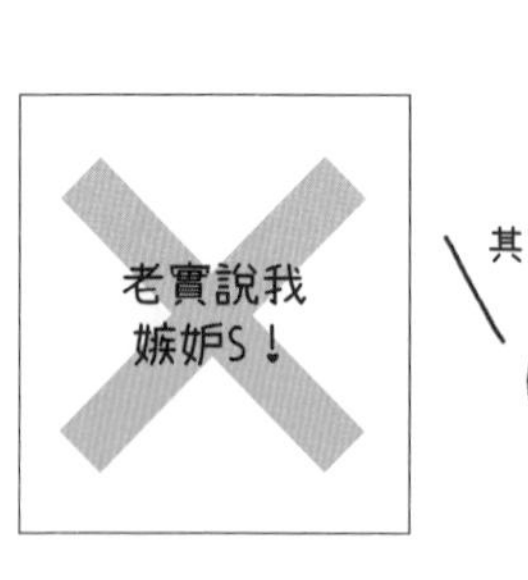

## 5. 說出來並感謝小潛

「我對S的嫉妒是錯誤的。事實上，不久後我也將獲得很棒的男朋友現身了的信號！所以，我真棒呢！恭喜我自己！謝謝小潛告訴我這件事。」

✦解說

用文字寫下對於身邊已擁有自己想要的東西的人有何想法後，是否有點嚇一跳呢？

我們平日裡經常讓這些想法在腦裡蔓延。但正是這些想法讓我們逐漸遠離了自己想要的東西。這樣也太可惜了。

你付出了這麼多努力讓思考一點一滴累積在潛意識中，所以S交了男朋友的現實就立刻出現在了眼前。這正是小潛給你「很快，你的男朋友也即將現身了唷！」的信號。所以，現在不是嫉妒的時候！

**例2：工作相關　O子（二十多歲・女性）**

**1. 想實現的願望・想得到的東西**

為了能獲得更高職等的工作而轉職。

⬅

**2. 對於身邊已經獲得自己想要東西的人有何想法**

友人Y最近透過朋友的介紹，轉職到比現今職場條件更好的公司。明明我的工作能力比較強，為什麼不是我！

⬅

**3. 寫在筆記本上**

「老實說，我嫉妒Y！」

⬅

**4. 畫上叉叉**

在步驟3寫的內容上畫上一個大叉叉

5. 說出來並感謝小潛意識

「我對Y的嫉妒錯了。其實，不久後我也將收到找到更好的公司的信號！所以，我真棒呢！恭喜我自己！謝謝小潛告訴我這件事。」

✦解說

O小姐認為友人Y沒什麼實力（我比較努力），認為「好事都盡發生在友人Y身上」。但冷靜下來思考後就發現，友人Y確實有被提拔的實力，自然能幸運地跳槽到更好的公司。

若O小姐能向友人Y說句「恭喜你」「真是太好了」，就可以將能獲得提拔的「我很有實力」的印象輸入進小潛中，所以O小姐身上也會發生好事。換句話說，就會開始接收到關於轉職的好消息。

### 例3：金錢關係　W子（五十多歲・女性）

1. 想實現的願望・想得到的東西

創業的資金。

2. 對於身邊已經獲得自己想要東西的人有何想法

創業需要一筆資金，但籌措的不是很順利。正想著是不是有人能投資我時，同業的T立刻找到了看好他新事業的投資人。真是羨慕啊～有好人脈的人就是不一樣。

3. 寫在筆記本上

「老實說，我嫉妒T！」

其實，我很嫉妒！

**4. 畫上叉叉**

在步驟3寫的內容上畫上一個大叉叉

老實說，我嫉妒T！

**5. 說出來並感謝小潛意識**

「我對T的嫉妒是錯的。其實，不久後我也將獲得出現投資我新事業的人的信號！所以，我真棒呢！恭喜我自己！謝謝小潛告訴我這件事。」

✦解說

其實沒必要嫉妒的。因為是你在身邊創造了受惠於好人脈以及投資者的情況。身邊有幸運的人，代表你的好運即將來臨。只要想著「我辦到了！」「真不愧是我！」「我真棒！」「下一個就是我！」「超開心！」等等，請發自內心地感到開心吧。

另外，嫉妒與你關係較疏遠的人，像是藝人或是只在社交軟體上往來的人等等，情況也是一樣的。譬如嫉妒過著奢華日子的藝人，或是在社群軟體上看到事業上取得莫大成就的人並嫉妒他們，或是無法打從心底為終於實現長年願望的友人祝賀……。

當產生焦躁的心情，就請馬上試著進行【放下嫉妒心，讓思考順利化為現實的練習】吧。

我想當中或許也有人是「即使寫下來，還是無法緩解心中鬱悶」的。若有這樣的情況，請連續幾天寫下同一件事。這麼一來，就能逐漸順利地與小潛取得連結，並盡早放下「嫉妒的念頭」，順利讓思考化為現實。

＊＊＊

所謂的嫉妒是「我沒得到那樣東西！」的想法很強烈。因此，隨著「沒得到〇〇的我很失敗」這樣的想法越強烈，就會逐漸喪失自我肯定感。也就是說，會變得越來越討厭自己。

另外，你應該不會想讓別人知道自己正在嫉妒他人吧。那是因為你對嫉妒有著「嫉妒什麼的真是丟臉」「真沒出息」等負面印象。

若能放下這個麻煩的嫉妒心，就能為自己感到驕傲、心情變開朗，而且能增加自我肯定感，也能更愛自己。

也就是說，這是一個重要的練習，能改善與自己的關係。若能習慣進行這項練習，在突然感到心情鬱悶時，就能迅速轉化想法，坦率的切換成「理想自我」的模式。請各位務必一邊享受一邊進行練習吧。

# Day 3

# 討厭的人是重要的信使

## 反面教材跟夢想殺手是很令人惋惜的想法

我們在Day2中講解了關於「嫉妒」的主題。Day3就一起來探討「討厭的人」吧。

冒昧請問，你有「討厭的人」或「不擅長應付的人」嗎？

例如，雖然很討厭卻每天都要見面的職場前輩、同好會裡不喜歡的人、總是過於嚴厲又愛抱怨的學校老師、不想面對卻又不得不應付的人，或是思想頑固只會否定自己的父母。

想必你腦中有浮出人選吧。

即便有「討厭的人」或「不擅長應付的人」也沒關係。

不管是誰都有一、兩個不想扯上關係、討厭的人，或是不擅長應付的人。

在與討厭的人或不擅長應付的人發生衝突時，應該多會得到以下的建議吧。

「遠離否定你的人」

「不可以聽信夢想殺手的意見」

「總之與你討厭的東西保持距離就對了」

註）若會對你現今的人身造成危險，為確保安全，請立即遠離對你有害的人。這裡所說的是確定不會危及你安全的人。這點請先了解。

遠離了討厭的人可以暫時地舒心快意，但無法從根本上解決問題。

即便試著逃離那個人，但最後肯定又會出現新的否定你、妨礙你這類讓你討厭的人。

因為**創造出這個惱人局面的人，是你的思考**。

或許有些人會懷疑：「唉？真的嗎？」

關於「困擾的人＝自己的思考現實化」我們再來解說得更詳細些吧。

先前提到的「離開討厭你的人就好」（保持距離的想法），與「否定或妨礙你的人＝從你的思考創造出來的人」的觀點是不同的。

這是重點。

也就是說，保持距離的想法可以說是「與自己的思考無關，單純只是有討厭的人」才會想保持距離。

因為「這個現實不是自己的思考創造出來的」，所以無法靠自己的力量解決這個狀況。

因為不是自己創造出來的，就算想改變也無能為力。

我們經常為「保持距離的想法」所苦。

這就稱為**「被害者意識」**（感覺是很沉重的詞呢）。

如果能了解並改變「被害者意識」，就可以順利讓人生按照自己所期望的做出改變。

若能意識到夢想殺手或負面教材出現在自己的小潛中，人生中就不會出現否定或妨礙你的人。

現實是由自己的思考創造出來的，所以只要改變想法，現實也能跟著轉變。

不管是毒親、職權騷擾的上司，或是愛抱怨的人，所有這些人都將不會出現在你人生中。

這絕非表示討厭的人或不擅長應付的人會消失，而是討厭的人不會再否定你，或是不擅長應付的人會改變對你的態度，指的是你與對方的關係會起變化。

## 為什麼要特地創造出討厭的人？

那麼為什麼我們會讓討厭的人出現呢？

那是因為如下的思考積存在了小潛中。

- 無法相信自己或周圍的人
- 討厭自己
- 否定或攻擊自己及周圍的人

（就算沒有在態度或言詞間表現出來，只要心中想著這些，就是否定或攻擊）

結果，你的眼前就會出現

- 不信賴你的人
- 討厭你的人
- 否定、攻擊你的人

假設你的父母會全力否定你的夢想。

這不是因為父母是「毒親」或「夢想殺手」。

其實是你的小顯雖想著「想實現夢想！」但小潛卻充滿否定的思考，例如「不可能實現夢想啦」「要踏出第一步好可怕」等等，積存了許多負面想法。

結果就是出現了「否定你的父母」。

若能在小潛中留下許多對於夢想的正面想法，父母應該不會反對而會支持你的夢想。

被父母或是周遭的人們否定自己的夢想時，就是自己在無意識下否定了夢想，例如：

「說不定我是因為害怕才不想前進」

「說不定我根本不想做這件事」

等等。

也就是說，**周遭人對你的否定，正是來自小潛的訊息**。

爸爸對我的夢想說NO！

不要把他想成是夢想殺手！！

事實上
或許是自己對實現夢想沒有自信，
或許是不夠下定決心……

另外，就算沒有自我否定，也同樣會發生強烈去否定其他某個人的情況。如同序章提到的，小潛分不清主語（參考第十頁）。因此，否定某人時，就等同於是在否定自己。

因為在小潛中積存了不少「否定思考」，就容易遇到否定你的人、想否定你的人、某人想否定他人的狀況、某個人被他人否定等等。

換句話說，根據積存在小潛中的思考，有時你是被否定那方，有時則是否定的一方，甚至有時你會像旁觀者那樣，到處讓「否定」化為現實。

如果身邊出現了妨礙你的人，那正是小潛在告訴你，你積存下了很多「妨礙」的想法。

你現在是否在妨礙著別人呢？

就算現在沒有，但在以前的職場呢？

或是學生時代呢？

若是更久以前的孩提時代呢？

過去的「全部」想法都會留在小潛中。將思考化為現實的重點在思考的

「量」。反覆思考的事若在小潛中積存了一定的量，思考就會化為現實，所以一件你完全忘記的、有關以前曾經想過或做過的事於時隔多年後在現今你的眼前發生，往往都是這個緣故。

另外像是「不被信任」「被攻擊」等與人際關係有關的煩惱也一樣。

若你眼前出現了不信任你的討厭鬼、或是會攻擊你的討厭鬼，就是小潛在向你發出你積存了「無法信賴」「攻擊」這類思考的信號。

「我確實太快質疑他了！」

「追根究柢，我根本無法信任自己——」

「我確實在心中一直攻擊那個人」

你一定能想到類似的事。

**你不會碰見自己沒想過的事**。

任誰都會有負面想法，不如說這是很理所當然、是很自然的事。

你不用沉浸在「對消極的自己感到震驚！」的情緒中。

我們以前只是不知道處理思考的方式，以及將思考轉化為現實的機制，就這樣成長至今。若能藉由本書察覺到這些並做出改變就好。

為了自己、為了能夠快點意識到消極負面的思考，就趕快來進行下一頁要介紹的練習吧。這麼一來，就能靠近「理想中的自己」。

那麼，我們快點來進行練習吧。

## Work 3 讓討厭的人變成友軍的練習（推薦度十分）

這項練習，會讓你理解到你眼前所出現的討厭鬼，是你的思考所創造出來，並讓討厭鬼不再出現在眼前。

〈事先準備的物品〉

- 鉛筆或者是原子筆（任何顏色都可以）
- A4大小的紙張或是B5大小的筆記本

〈步驟〉

1. 寫出你討厭的人的名字

例）同事花子

※若有多數人，請針對每一個人各別進行練習。

⬅

2. **確實寫下討厭對方的原因**

例）每次見到對方都會挑我毛病，說些難聽話。

⬅

3. **寫下你想對討厭的人說的話**

例）不要總是挑其他人的毛病，要去觀察人家的優點啊！

⬅

4. **對於在步驟3寫下的語句，思考一下自己是不是也經常這樣想其他人，或是這樣想自己**

例）啊，我也總是在心裡挑別人的毛病啊！
不讚美自己，總是譴責自己不行等等。

⬅

5. **任同討厭的人是由自己的想法所創造出來，以及那是小潛發出的訊息**

6. 說出對小潛的感謝 ⬅

※在不能發出聲音的情況下，可以在心中默念或是寫在紙上。

「小潛，感謝你告訴我這件事——花子是我的一部分。花子，我們一起改變吧！」

要接受對討厭或不擅長相處的人的負面想法，用普通方法是行不通的。因此，建議連續進行好幾天的【讓討厭的人變成友軍的練習】，直到你覺得可以了為止。

✦練習

*討厭的人的名字

*討厭對方的原因

＊想對討厭的人說的話

＊感謝詞

小潛，謝謝你告訴我這件事——「　　　　」是我的一部分。「　　　　」，我們一起改變吧。

＊＊＊

那麼，以下就來介紹學員的例子。

**例1：F子（三十多歲・女性）**

1. 在紙上寫出你討厭的人的名字

父親。

⬅

2. 確實寫下討厭對方的原因

父親總是反對我想做的事。

⬅

3. 寫下你想對討厭的人說的話

不要總是一個勁地否定我，多聽聽我的想法！

⬅

4. 寫在步驟3中的語句，是不是你經常這樣想其他人，或是那樣想自己

我總是不容分說地否定同事A。

我沒有認真傾聽自己的真心話。

5. 認同會出現討厭的人是因為自己的想法所導致，以及那是小潛發出的訊息 ⬅

6. 說出對小潛的感謝 ⬅

「小潛，謝謝你告訴我這件事——父親也是我的一部分。父親，我們一起改變吧！」

例2：S子（二十多歲．女性）

1. 寫出你討厭的人的名字

同事U。

⬅

2. 確實寫下討厭對方的原因

每次見面總是因為莫名其妙的理由罵人，所以很令人生氣。

⬅

3. 寫下你想對討厭的人說的話

不要總是用莫名其妙的理由罵人，對人溫柔一點！

⬅

4. 寫在步驟3中的語句，是不是你經常這樣想其他人，或是這樣想你自己

意識到自己也總是無緣無故對人生氣。

⬅

5. 認同會出現討厭的人是因為自己的想法所導致，以及是小潛發出的訊息

⬇

6. 說出對小潛的感謝

「感謝小潛你告訴我這件事——同事U也是我的一部分。U小姐，我們一起改變吧！」

## 無法馬上接受討厭的人也沒關係

如果在進行這個練習時，覺得「非常抗拒」「不認為讓自己火大的人是自我的一部分」，就試著加上以下這些句子吧。

・真不想原諒〇〇
・我認為錯的是〇〇不是我呢

要像這樣，不否定自己，只是溫柔的接納：「我知道喔，我就是這樣想的」等等。

重複對小潛這樣說，你就能感受到心中的焦躁不安漸漸平復了下來。

在接納討厭的人之前，只要溫柔地認同自己內心的感受即可，例如「沒錯沒錯，就是這樣呢，我都懂喔」。

若能確實執行【讓討厭的人變成友軍的練習】，你的人生將會急速且順利地展開。

這個練習可以讓你「心態變成熟」，也就是變得能接受自己討厭的部分，變得能愛自己。

【讓討厭的人變成友軍的練習】是須要花時間練習的，請務必腳踏實地練習。若能每天確實練習，就能漸漸接納自己。

不管多消極負面都沒關係，想東想西也可以。

與你的各種想法和樂共處吧。

當你不在心中否定、攻擊、輕慢他人或自己時，你的現實將會變得非常輕鬆、愉快又有趣。

「心情完全沒變好」
「沒有一點改善」
「無法順利進行」
請試著思考看看下列的敘述是否符合你的情況。

### ★變成「敷衍了事的練習」？

草率練習，敷衍了事，會說「這練習很麻煩」。對於練習，你有以下的想法嗎？

- **我做了這個練習，現實快點改變！**
- **我在心中反省並道歉了，所以快點讓眼前的人消失！**
- **我放下了嫉妒，快點讓他接近我！**

像這樣，如果心中的想法主要是「只要我去做就一定會產生改變！」就有極高可能性在過程中拋下小潛，變成「草率的練習」。

透過確實和小潛取得連結，可以讓思考現實化，但只要有這種「快點改變！」的焦躁感，令人遺憾的是，現實就不太會改變。

常有案例是焦躁著「草率練習」的，但其實我們很難察覺如此焦躁著的自己。

在這種情況下，為了讓大家理解「焦躁、不耐煩」，Day4 將聚焦於此。

那麼，就讓我們進入 Day4 的練習吧。

Day3 練習結束，到了折返點。

大家覺得如何呢？

- **心靈變輕鬆了——**
- **擺脫了長年的不安，暢快多了！**

等等，有人會開始感受到變化吧。

另一方面，

- **什麼都沒變啊！**
- **完全沒有變得順利……**

等等，或許也是會有人如此焦慮著。

依據我長年為人諮商的經驗，有許多人都認為「現實沒什麼改變」。當與他們深入交談後會發現，他們常出現如下的情況：

- **只有心態上想改變，沒有好好進行練習**
- **流於表面的練習**
- **像是敷衍了事般在進行練習**
- **以「做這個就可以改變吧。快點產生變化啊！」的心態在練習**

等等

可惜的是，在這樣的狀態下進行練習，現實不會發生任何變化。

若明明努力做了 Day3 的練習，卻有以下的情況，

# Day 4

# 成為自己最好的夥伴

## 終有一天將不再感到不安

Day3中跟各位說過了「你討厭的人，是由你的思考創造出來的」。眼前會出現討厭的人，是因為你的小潛有「討厭○○」的想法。因為小潛分不清楚主語，當心中有「我討厭自己的○○部分」這個念頭，「討厭」的想法會累積起來，你的眼前就會出現討厭的人。

亦即可以說，自我討厭的部分會透過第三人（討厭的人）來顯現。

一般來說，人們會對討厭的人有否定（攻擊）的傾向。這雖然是保護自己的一種方法，但若是否定（攻擊）某人，就會在小潛中積存下「否定」「攻擊」的思考。

結果，就愈是會出現讓你想否定（攻擊）的人，也容易出現自己受到否定（攻擊）的情況。

這可以說是「自己否定（攻擊）自己」的狀態。

也就是說，我們是擅長欺負自己的天才。這樣的天才很令人困擾吧。

Day4中，就要來談論關於人類會在無意識間攻擊自己的特性。

具體而言，只要知道會怎麼欺負（否定、攻擊）自己，並意識到我們總在無意間欺負（否定、攻擊）自己，就能漸漸減少自己攻擊自己。這麼一來，就會減少討厭的人出現在你眼前的機會。

首先希望大家察覺到「焦躁」跟「不安」。

我們所有人經常都會充滿著焦躁與不安。

焦躁是產生自不相信能將自己的思考化為現實，也就是否定。

不安若給小潛累積到一定量的「攻擊思考」就會發生。

像這樣，焦躁與不安都會在小潛中累積一定量的「否定思考」「攻擊思考」等負面想法。

也就說，只要焦慮、只要心懷不安，就無法成為「理想中的自己」。

要如何跟「焦慮」與「不安」說再見呢？首先讓我們先來談談「焦慮」吧。

## 產生焦慮的真正原因以及解決方法

在每天的生活中，都有不少讓我們焦慮的事。例如，你是否發生過像下面這些事呢？

・工作無法在期限內完成很焦慮
・想結婚卻結不了而感到焦慮
・對於沒時間準備證照考試感到焦慮　等等

一旦焦慮起來，就只會越來越焦慮，導致無法順利做事、陷入糟糕的情況中。

而且人在焦慮時，會東想西想著：

「怎麼辦！」

「完了！」

「要做些什麼！」

等等。腦袋比平常更忙碌，並開始思考各種事。也就是說，小顯會處在全速運轉的狀態。

話說回來，為什麼會產生焦慮呢？

直接了當的說，這是因為「**不相信自己的思考會成為現實，不相信自己的想法會實現**」。

若完全不相信「自己的想法會化為現實」，就會焦慮不已的想著：「怎麼辦，沒辦法如願以償」「沒辦法實現……很困擾！」

相反地，如果能夠打從心底毫不猶疑地深信「願望必定會實現」，你還須要焦慮嗎？

答案肯定是「不會焦慮」吧。因為自己的心願絕對會實現，所以不用感到焦慮。

也就是說，焦慮是因為自己拚命向小潛宣告：

**「我完全不相信自己的思考會化為現實！」**

那麼，該如何才能不焦慮呢？

首先，**察覺到自己很焦慮。**

察覺非常重要。

焦慮時，我們的大腦會充滿各種想法，甚至無法意識到自己正在焦慮。

藉由意識到「啊！我現在很焦慮」，可以讓全速運轉的小顯暫停下來，將目光轉向小潛。

察覺到

「總覺得坐立難安」

「好焦慮喔」

等等感受時，先暫且停下，並進行深呼吸吧。

人在焦慮的時候，容易在無意識間停止呼吸或是呼吸變淺。因此，深呼吸能有效讓焦慮冷靜下來。

人不管是醒著或是睡著都會在無意識中進行呼吸。

也就是說，無意識進行的呼吸，與存在於無意識世界的小潛有直接的連繫。

正因為如此，愈是在焦慮時，先停下來並將意識集中在呼吸上就愈是重要。

接著，用下一頁介紹的方法來跟小潛對話吧。

✦深呼吸與小潛對話的方法

1. 閉上眼睛，專注呼吸

⬅

2. 將注意力集中在呼氣和吸氣

⬅

3. 將感覺集中在「呼吸」上

⬅

4. 留心刻意地放緩呼吸

⬅

5. 重複2～4的步驟2、3次

⬅

※你的心情會漸漸平靜下來，並感覺到「唉？其實不用焦慮到這種程度。耗費太多額外的力氣」等，焦慮將慢慢消失。

6. 若稍微平復了焦慮，就溫柔地向小潛道歉

「啊─我太焦慮了。焦慮的我變得不相信自己的思考會化為現實。小潛，抱歉沒相信你。」

7. 「我相信自己」⬅

「我喜歡相信自己」

等等，向自己傳達相信自己的訊息。

※在進行第6和7步驟時，閉著眼或睜開眼都可以。

只要深呼吸
就能沉靜下來

藉由緩慢深呼吸，不僅可以消除焦慮，也能與小潛連上線。

對你來說，世界上最重要的是你自己。焦慮使你不能重視自己。

首先，你要成為世界上最善待自己、與自己對話的人。這麼一來，你就也能照顧到身邊的人。

當你認為自己是最重要的，身邊就會出現真心待你，打從心底把你當作夥伴的人們。

閱讀第八十二頁的專欄，覺得「變成敷衍了事的練習？」時，請務必好好理解到目前為止我所說的「焦慮」。這麼一來，不可思議的是，透過練習，你的小潛將會開始改變。現實中，你將會越來越靠近「理想的自己」。

## 無法停止不安真正的原因及解決辦法

接著來談論不安吧。

你現在對哪件事感到不安？

金錢、工作、健康、社會情勢？或許有人一想到未來的事，各種不安就會蜂擁而至，想著「未來到底會變得如何呢？」「往後真的沒問題嗎？」等等。

我從小時候起，每天心裡都惴惴不安。

而且，因為無法順利將內心的不安化成言語，因此無法與任何人商量。

像是在幼兒園時，被A搶了玩具、被M打了一下，這些都無法告訴父母。

因為我在讀幼兒園時妹妹出生了。

我想這是許多哥哥姐姐都經歷過的，在弟弟或妹妹出生後，就生出了「父母被搶了」的誤會，開始鬧彆扭。

以我的狀況來說，這種**誤解**持續到我長大成人。更麻煩的是，我並沒有自覺到這個誤會。

直拗的我隨著從小學到高中的年齡增加，不斷增加鬧彆扭的程度，變成不管是煩惱、喜悅，還是其他事都不跟父母分享的小孩。隨之就逐漸在外引起問題。直到現在我才意識到，像這樣製造問題，是在用迂迴的方式表達希望父母關注我。

自從我學習到關於思考的機制後，這陰影才完全消失。若放著這種誤解不管，現在的我一定仍舊痛苦著，無法擺脫不安的每一天，並持續創造出充滿痛苦與不安的現實。

我在知道思考機制前，對工作、人際關係、金錢等各種事項都充滿不安。

印象最深刻的事情是，我在睡前或是一個人獨處時，胸口附近總是會悶悶的。無法用言語表達的不安包圍著我，對於活著這件事感到痛苦，覺得未來活著也完全感受不到任何樂趣……。

「將來的生活開支夠嗎？」

「與人交往好疲憊。」

等等，我一直在想著這些事，每天早上醒來都會胃痛。從前，我就是這樣重複地過著每一天。

現在回想起來，當時覺得不安也是正常的，因為我一直認為父母不愛我，持續這種**「愛的誤會」**，但當時的我並不知道這點。因此，我其實無法逃離「我很可憐」「活著很痛苦」等想法。不僅如此，甚至連做夢都不敢想有方法可以逃離那樣痛苦的狀態。

結果就是，我每天都不抱希望的過日子，總是感到很疲憊。

我們之所以會不安，是因為有以下的心情。

1. 可能會發生不好的事

2. 可能會遭受某種形式的損害（攻擊）

這種心情是由於過去自己攻擊了某人而產生的。尤其是當事情不如己意，就會想攻擊對方。

如同序章提到的內容，思考模式的基礎大約在六歲時就會定型（參考第十一頁）。因為在童年時期與我們接觸機會最多的是父母，在與父母的關係中所感受到的「愛的誤會」是一個契機，讓我積存了「否定的想法」或「攻擊的想法」，從而導致不安。

若大家因為誤解而品嘗到不安與痛苦，要盡快從中脫離，所以請務必要進行將在後面提到的練習。

另外，也有人是「雖然沒有到那麼強烈的不安，但莫名有種隱約的不安感」的吧？

雖然不安的程度不同，但如果可以，當然會希望能消除不安。

應該許多人都想過著每天都沒有不安、處在安心狀態下的生活吧。

從下一頁起，將介紹引起不安的思考和產生不安時的應對練習。

# 不安的真面目及對策

冒昧問個問題，關於你的不安心情，你有好好「試著感受」其真面目嗎？

沉重的痛苦壓在自己身上，有「討厭的感覺」。

恐怕沒多少人會感到「不安但興奮」吧？

這股討厭的感覺，簡直像是被看不見的人或看不見的東西攻擊吧？

被看不見的人或看不見的東西攻擊的感覺，是「小潛在告訴你累積太多攻擊思考了喔」的訊息。

攻擊思考累積到一定的量後，會以攻擊你的人、攻擊你的社會、帶給你巨大壓力的社會等等各種形式出現。

甚至，你會發現到如有千斤重的不安朝自己襲來。

也就是說，不安是由自己的**「攻擊思考」**創造出來的。

雖然有點突然，你認為容易生氣的人跟內向的人相比，誰比較容易在小潛中累積攻擊思考呢？

其實是內向的人較多會在小潛中累積許多攻擊思考。

這是因為，內向的人難以在眾人面前散發出煩躁，常常會在心中大肆抱怨，誰也看不出來。

雖然在現實世界中無法反抗討厭的人，只能裝得很懂事、表現得很成熟，但內心憤怒至極，會在腦海中想像毆打討厭的人……。

相反地，平常就會向他人發洩自己怒氣的人，就不太會累積壓力。對誰都和顏悅色，不表現出怒氣的人，容易累積情緒，因一個人承受著壓力而容易焦躁。

我的朋友T是一位非常內向的人。但是T以前只要在路上與討厭的人擦肩而過，就會在腦海中將那個人教訓一番。之後，T就一直鬱鬱寡歡地過日子，為煩惱而煩惱。

但是，自從T知道了思考的機制後，改善了此前的「攻擊思考」，所以現在每天都過著充滿幸福的日子。

比起實際上對別人惡言相向或攻擊，攻擊性思考更能輕易做到。因此，有些人為了緩解壓力，就會在腦中攻擊他人。

其他還有會在完成工作的休息日裡，投入遊戲中將敵人等殺個精光。有人說這是為了擺脫憂鬱而每天必須要做的事……。

這類人須要注意。

當然，並不是說所有對戰遊戲都是不好的。重點是在對戰當中登場的敵人，是你思考的體現，是你的一部分。

在思考化為現實的世界裡，會引起被攻擊的現實，必定有其原因。

若知道了思考的機制，就能停止帶給自己不必要的傷害，創造出對現實有益的影響，所以能活得比現今更加輕鬆自在。

一般人不太會認為不安的自己「真好啊」「真棒啊」「真可愛啊」吧？不安時，任誰都無法肯定自身的存在，自然會開始否定自己。

這些全都是因為**不安會創造出攻擊思考**。也就是說，不禁就會攻擊自己。

照這樣下去，將永遠無法擺脫焦慮。為此，以下要來介紹【能不斷增加自我肯定感的練習】。

藉由這個練習，你的不安將漸漸變淡薄，並變得能夠輕鬆生活。

## Work 4
# 能不斷增加自我肯定感的練習

（推薦度十五分）

〈事先準備的物品〉

・鉛筆或者是原子筆（任何顏色都可以）
・A4大小的紙張或是B5大小的筆記本（破掉的也可以）
・小紙袋或是信封（準備要丟掉的也可以）

〈步驟〉

1. 具體寫下你的不安

※若是「無法好好用言語表達」等隱約感到不安的情況，可以寫下對那分不安有何感覺。

例）對於不知道會不會被裁員而感到不安得不得了。
　胸口附近像是被緊緊壓住般，很痛苦，無法順暢呼吸。

**2. 溫柔地對自己說「覺得不安吧」「非常不安吧」等等**

※邊輕柔撫摸自己的手腕、肩膀或頭等身體部位邊說的效果會更好。

**3. 回想起你至今為止的人生中，實際上或者是在心中攻擊過的人，並寫下他的名字**

※若有多數人，請把想到的所有人名都寫出來

例）同事Y
搭乘同一班電車但不認識的老頭　等等

**4. 對在步驟3寫下的人，做出以下的宣言**

「抱歉至今一直在攻擊你們。從現在開始，我再也不會攻擊你們了。我會停止攻擊你們跟自己，而且，我跟你們都將變得自由」

5. 閉上雙眼深呼吸，想像你剛才道歉的對象全員臉上都充滿笑容（詳細方法請參考第九十二頁的1～5）

※想像將自己心中積存的不安和氣息一起從你體內吐出、消失。

※深呼吸的次數直到心情放鬆下來為止即可

6. 將紙撕成碎片並丟棄。將碎紙放入紙袋或信封內丟棄，並注意不要留下任何一點紙屑

✦練習

*感到不安的事（具體寫下）

＊寫下你實際或者是在心中攻擊過的人的名字

**例1：M子（三十多歲・女性）**

1. 具體寫下你的不安

總有股說不出來的不安，不管做任何事都無法讓心情放鬆及好轉，常常心神不寧。

2. 溫柔地對自己說「覺得不安吧」「非常不安吧」等等

3. 回想起在你至今為止的人生中，實際上或者是在心中攻擊過的人，並寫下他的名字

同事O
在路邊擦身而過的老頭
坐同班電車的高中生
大學學姐

4.對在步驟3寫下的人，做出以下的宣言
「抱歉一直在攻擊你們。從現在開始，我再也不會攻擊你們了。我會停止攻擊你們跟自己，而且，我跟你們都將變得自由」

⬅

5.閉上雙眼深呼吸，想像你剛才道歉的對象全員臉上都充滿笑容（詳細方法請參考第九十二頁的1～5）
※想像將自己心中積存的不安和氣息一起從你體內吐出、消失。
※深呼吸的次數直到心情放鬆下來為止即可。

⬅

6.將紙撕成碎片並丟棄。將碎紙放入紙袋或信封內丟棄，並注意不要留下任何一點紙屑

M是一位非常敏感的人，必須要在眾人面前發表演說時，會緊張到哭出來或是說不出半句話來。

因為她經常有莫名的不安，深入挖掘那分不安後發現她有一個壞毛病。

那就是當與同事或路人擦肩而過，只要對方有任何一點她看不慣的地方，就會立刻在心中怒罵對方。

當我告訴M那個壞毛病就是加強她內心不安的元凶後，M立刻在心中決定以後再也不怒罵他人。

一個月後，M內心的不安急劇減少，要在公共場合拋頭露面時也不再哭泣，變得能確實表達自己的意見了。

現在她為了實現自己的夢想去了學校，積極地與大家交流，每天都過得很開心。

＊＊＊

對於M的例子，大家有什麼想法呢？

不安的原因是因為小潛裡的「攻擊思考」。不管是有意識的攻擊、在心裡攻擊他人，或是攻擊自己，都會在小潛中不斷累積「攻擊思考」，不安的自己就會在眼前出現。

請務必要試試【能不斷增加自我肯定感的練習】，只要自我肯定感增加，就能擺脫不安。

另外，結束練習後，請務必出門多接觸大自然。

不管是去做日光浴，還是去海邊、河邊踏水，或是赤腳在公園或庭院走走都非常推薦。可以悠閒地在森林散步，或是若有時間，也可以去露營或登山。

只要接觸大自然，所有人都能恢復到本來面貌的自己。接觸大自然後，就容易顯現出自己原本的模樣。

大自然能夠讓小潛展示出本身的美好。若去接觸大自然，並能給予自己想起自身美好的機會，自我肯定感自然就會提高。

我們肯定會意識到自己不再苛責自己了。

如果變得不再苛責或攻擊自己，也自然會停止攻擊他人。也就是說，來自他人的攻擊也會停止。

只要理解不安的真面目，擺脫不安就會比想像中來的簡單。

從現在開始試著找時間多多接觸大自然吧。心情會出奇地放鬆下來喔。

# Day 5

# 獲得大家的支援

## 你是否會在無意識間輕視身旁的人？

・那個人工作能力不行
・為什麼連這點事都做不到？
・不想成為跟他一樣的人

你會在無意識間像上述那樣輕視身邊的人嗎？

我把這種情況稱為**「自然地輕視」**。

我們雖然不會說出來，但經常會在心中批判周遭的人，或是常常輕視其他人。如果是有意識的鄙視他人，那是有自覺的，就算了。自然地輕視是無意識間鄙視他人，通常不會認知到自己正在鄙視他人。

不如說因為輕視有「心懷惡意」「過分」的負面印象，有可能是不想意識到自己在鄙視他人。

每個人都會有負面想法，這是很自然的，並不是「不好的事」。第一次意識到自己有「在無意識間輕視周遭的人」的想法（看輕他人的想法）時或許會嚇一大跳。可是，就算**責備負面的自己也解決不了任何事**。不如想著「能察覺到負面想法真是太好了！」只要察覺到負面想法，接下來就能有意識的改變思考。

最後多會突然發現到，狀況改善了。

看輕他人其實是被「我比這個人好」的安心感所包圍著。但令人悲傷的是，看輕他人只是掩埋起自己自卑感的對症療法而已。

當自己不經意輕視身邊的人，我們的小顯會認為是「碰巧身邊有讓我瞧不起的對象，這是沒辦法的事。因為這是事實啊」。這時，因為「批判」「輕視」會累積在小潛中，結果，這些事就會出現在自己眼前（無法在工作上獲得認可、總發生些沒道理的事、認為自己的評價很低等等）。

在本書中，要先請你意識到自己會在無意識間看輕他人，並停止這樣的行為，同時，介紹給你能發現身邊人值得稱讚的優點的練習。

進行這個練習後，自然會獲得周遭人的認同，增加被稱讚的機會，各種各樣的事情都會開始好轉。

也包括會得到同事、朋友或家人等大家的支持，並容易得到好的機會。

察覺到輕視他人的想法後，就能下定決心「停止輕視他人的想法」。這個「下定決心」是很重要的，因為下定決心也是一種很強烈的想法。

如果隔天動搖了，只要重新下定決心即可。第二天又動搖了，再重新下決心……。像這樣反覆「下定決心」，可以增加小潛「別去輕視人」的想法，進而成為現實。

首先留心檢視自己每天有沒有在無意識間鄙視他人吧。這麼一來，最終就能發現：「啊，我這是在輕視別人呢」。

那麼接著來介紹，能發現到並停止輕視他人的想法，同時因此獲得他人支援的練習吧。

# Work 5 得到大家支持的練習

（推薦度十分）

這項練習可以藉由察覺並承認輕視的想法，得到周遭人的支持。

若你沒有察覺到自己在日常生活中輕視他人，就無法完成這個練習。

〈事先準備的物品〉

・鉛筆或者是原子筆（任何顏色都可以）

・A4大小的紙張或是B5大小的筆記本

〈步驟〉

1. 回顧過去是否有在無意識間輕視某個人

※每天反覆進行步驟1的練習，若能注意到自己有不經意地輕視他人，請進行步驟2。

⬇

2. 若藉由步驟1發現到「我這是在輕視別人」，就寫下人名與內容

例）在公司被後輩S搭話時，會假裝自己很忙沒聽到。若是位階比自己高的人就不會這樣做……。這可能是在輕視後輩S。

⬇

3. 下定決心「停止輕視」，對步驟2的人寫下道歉的話語。

例）我會停止輕視。後輩S，對不起。

⬇

4. 思考並寫下在步驟2中提到的人的優點

例）後輩S總是面帶微笑對大家打招呼，很棒呢！

✦練習

＊寫下輕視的人名與內容

＊對步驟2的人寫下道歉的話語

我會停止輕視。「　　　　」先生／小姐，對不起。

**＊寫下步驟2中的人的優點**

・
・
・
・
・

那麼來介紹學員的例子吧。

＊＊＊

例1：K子（三十多歲・女性）

1. 回顧過去是否有在無意識間輕視某個人

⬅

2. 若藉由步驟1發現到「我這麼做是在輕視別人嗎」，就寫下人名與內容

職場同事G

貼上「工作能力差」的標籤。

⬅

3. 下定決心「停止輕視」，對步驟2的人寫下道歉的話語

我會停止輕視。同事G，對不起。

⬅

4. 思考並寫下步驟2中的人的優點

- G總是自願打掃公共區域。
- G在發現我有困難的時候，會向我搭話。
- G會努力促進同事間的關係。

**例2：O子（二十多歲・女性）**

1. 回顧過去是否有在無意識間輕視某個人

⬅

2. 若藉由步驟1發現到「我這麼做是在輕視別人嗎」，就寫下人名與內容

一起搭同班電車的男性。
覺得服裝品味很差。

⬅

3. 下定決心「停止輕視」，對步驟2的人寫下道歉話語

我會停止輕視。一起搭同班電車的男性，對不起。

⬅

4. 思考並寫下步驟2中的人的優點

- 新穎的打扮，很吸引人。
- 講究細節的服裝。

例3：Y子（四十多歲・女性）

1. 回顧過去是否有在無意識間輕視某個人

⬅

2. 若藉由步驟1發現到「我這麼做是在輕視別人嗎」，就寫下人名與內容

父母。
認為他們「思想僵化，不管什麼事都一律先否定，很愚蠢」。

⬅

3. 下定決心「停止輕視」，對步驟2的人寫下道歉詞語

我會停止輕視。父親、母親，對不起。

⬅

4. 思考並寫下步驟2中的人的優點

- 父親總是工作到很晚。
- 母親總是會提供我建議。
- 父母親養育我。

像這樣試著進行【能得到大家的支持練習】，可能會發現自己在無意識間輕視各種類型的人，包括職場同事、家人、名人等其他人。

另外，不經意地輕視還可分為兩種模式。

第一種是，看見某個人時，會想著「真是可憐的人啊」，這是一種輕視。

例如，對職場上某個很囉唆又單身的前輩，想著：

「就是因為這麼囉嗦才無法結婚吧。真可憐！」

時，就不單純只是覺得對方「很可憐」，其中還隱含著輕視的想法。

第二種是正義感。

「那個人犯錯了，所以要受到處罰！」

「那個人是錯的，要給他好看！」

諸如此類，當你在心中認為「那個人是錯的」，你就會輕視對方吧？

像這樣，**就算沒有說出口，察覺到在心裡輕視某個人**是很重要的。

察覺到「輕視的思考」，就能夠下定決心不再「輕視」。最後，就能在小潛中累積不去輕視人的想法，變得能不輕視自己或是其他人。也就是說，在不經意間「輕視他人的想法」就沒了。

像是序章提到的一樣，小潛分不清楚主語（請參考第十頁）。

如果你輕視他人，小潛就會認知為你是在輕視自己。只要會不經意地去輕視他人，自我肯定感自然會持續降低。這麼一來，就會在不知不覺間增加自卑感。

如此，你就會想掩藏那股自卑感，創造出輕視。結果身邊就會出現對自己來說是不對或沒用的人，而且會陷入「我比那個人好太多了」的惡性循環中。

更進一步來說，在自己的小潛中留下「輕視的想法」後，不只會出現你輕視的對象，也會出現輕視你的人。

若身邊出現輕視你的人，代表會肯定你、誇獎你、支持你的人很少。也就是說，這就是你身邊難以出現支持你的人的真正理由。

當事情發展順利，會有人支持你。

正因為**「輕視＝自我肯定感降低」**，總之先察覺到「正在輕視」某人這件事吧。

另外，就算下定決心「不再輕視身邊的人」，由於長年的思考習慣，有時回過神來就會發現，自己又再輕視人了。

這樣也沒關係。當你察覺到正在輕視別人，先停下來並留心找出對方的優點。

像這樣無論重複多少次都可以，請察覺到自己的輕視想法，並多次修正以「停止輕視人」。很快你就會發現到，本來自己時常在心中批評身邊的人，最終將變成經常在心中稱讚他們。

當變得能夠稱讚身邊的人，就會有如下的變化。

・被身邊人稱讚的機會增加了

・比以前更喜歡自己

・對自己更有自信 等等

請務必進行【能得到大家的支持練習】，以改變輕視人的想法吧。

另外，因為輕視人的想法而造成自我肯定感低下時，可以一併進行Ｄａｙ４介紹過的【能不斷增加自我肯定感的練習】（參考第一〇五頁）。

特別是自卑感強烈時，就會在無意識間產生「自己真是沒用啊」的想法。為此，就會想太多「要這樣做」「應該要那樣做」而被困住，常常在心中批評自己無法成為理想中的模樣，也不想看見負面消極的自己，因此很難意識到自己總是在輕視周遭的人。

會有負面消極想法是自然的，並不是「不行」。

你的幸福只是被自身的負面消極思考所阻礙。只要察覺到這點並改變想法就好。

不如說，過往的負面想法，能使自己的度量變大。

若能理解人們內心的痛苦，就不會批判他人。當遇到自暴自棄或心術不正的人，就不會想教訓對方。因為你理解對方內心的痛苦。

而且，當你碰到有那樣遭遇的人，能在內心想著「我們一起改變吧」，而不是輕視對方時，將能更喜歡自己，為自己感到驕傲，認為自己能夠「發自內心支持別人」。

這麼一來，就能培養**真正的自我肯定感**。

真正的自我肯定感是指，不管如何都可以接納負面的自己。

假裝自己積極正向，好像沒有負面情緒般，不能說是真正的自我肯定感。

不評斷自己各種感情及想法的「好・壞」，若能認同原本的自己，就能變得更加自在。

再者，改變思考將變得更加容易，也更能掌控現實。

也就是說，真正的自我肯定感不是藉由他人的稱讚來培養。而是當不再輕視自己或其他人，自然就能養成。

若想要有人支持著自己，首先要下定決心：「絕對不要看不起周遭的人喔。」如果你不看輕別人，就不會出現看輕你的人。

若是覺得「不，我沒有看輕其他人，但就是沒有人支持我」，或是「明明我沒有看不起其他人，但是卻被看不起」的人，請試著仔細觀察自己是否有不自覺地看輕他人。

## COLUMN★2 思考現實化與父母間的關係

在序章中有提到一點，造成煩惱事化為現實的思考，是以零～六歲間的記憶為基礎。

零～六歲是自己一個人無法做任何事，**只能依靠父母的時期**。這個時期會影響思考的習慣，誤以為若沒有百分百滿足父母的要求，「父母就不會愛自己」。

這個思考習慣從很小的時候就被養成。小孩子到六歲以前的大腦還在發展中，所以無法進行複雜的思考。因此，他們無法理解父母的斥責或放手不幫忙的行為是父母深沉的愛。

結果，他們會認為，被罵是「討厭我」、放手不幫忙是「我怎樣都無所謂」，對愛有錯誤的想法。

另外，在六歲之前是情感優先，是位於大腦深處的大腦邊緣系統處於優位。

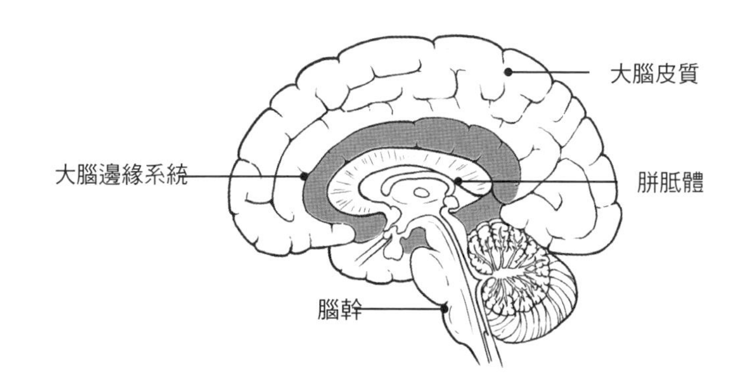

若有人對於回想「被父母愛著」而感到痛苦也不須要感到焦慮。反覆進行 Day 5 介紹的練習，改變自己的想法，就能逐漸接受「與父母間的關係」。

首先，請在心裡記著「或許我是被父母愛著的」。

接著某一天，當能夠認為「我是被父母愛著的吧」「我現在之所以活著是因為被父母所愛著吧」就能停止苛責自己，允許自己想起被父母愛著的記憶。

也就是說，六歲以前體驗到的事情和想法，尤其是衝擊特別強的感情會累積在小潛中。

像這樣，因為六歲以前的孩子大腦發育不全，大腦邊緣系統處於優位，會產生出「不被父母愛」的錯覺，長年累月下來，就會塑造出彆扭或壞心眼的自己。

而且因為在小潛中累積扭曲及壞心眼的想法，眼前就會出現彆扭的人、壞心眼的人和惡意的人、背叛者、不講理的人等等各種讓你討厭的人。

但是，「父母不愛你」的想法是個誤會。為了擺脱這個想法，就要重新審視小時候的記憶，必須想起自己是「被父母愛著的」。

如果你是由祖父母或親戚、育幼院養育也一樣。因為一定會有生出你的父母，試著想想生出你的父母而不是養大你的人吧。

在思考學校說這些事時，

有人會覺得：

「就這樣？真簡單！」

也有人會哭著說出：

「我沒辦法……」

有跟父母關係好的人、為了維持家庭和諧而忍耐的人、與父母斷絕往來的人、遮蓋住自己幼年時期記憶的人、沒有父母的人，每個人與父母的關係都不同。不管是哪種關係都沒有對錯之分。

# Day 6

## 擺脫自己設下的規則
## 就能獲得自由

# 不知不覺受困於自己設下的規則

那麼到目前為止，我們談到了要關注小顯與小潛，以及了解「現實發生的事，全都是來自小潛的訊息」。

但是，我們不可能完全知道小潛的所有事。那是因為小潛占了全體意識的百分之九十五。

在Day6中，我們將要來深入探討關於小潛的事。

以下的提問很突然，但是如果你在職場或外出時遇到了討厭的事，你會表現出憤怒嗎？

應該許多人都會壓下怒氣吧。

那麼，為什麼會壓下憤怒呢？

那是因為認為「憤怒＝壞事」，因此無法承認自己的憤怒、恐懼憤怒這個情緒，於是無法表現出憤怒……。

這就是所謂**「自己設下的規則」**。

若身陷於「自己設下的規則」這種不必要的信念，將隱藏憤怒變成每天的例行公事，就會變成經常都處在遮蓋憤怒的狀態，這樣的人生應該很累吧。

再來，因為「思考會化為現實」，這個被壓制怒氣的「真實心情」一旦累積在小潛中，等意識到時，就會出現在你周遭。因此，小顯與小潛之間會產生鴻溝，因而產生煩惱，像是「我明明這麼謹慎了，為什麼身邊還會出現那麼生氣的人？真困擾……」

光是意識到這件事，是否就能鬆一口氣了呢？

這是因為，了解到至今為止經歷到的不合理感受，**「其實並非都不合理」**，於是心情就能輕鬆許多。

從此之後就再也不會受到「因為是某某人的錯」「因為某事件的關係」的困擾。

只要從新檢視並改變自己的想法，就有可能替換掉不合理的現實。

只要想著「用不著去責怪任何人！」心情一下子就會變暢快了。

而這正是真正的自由。

**一切都是自己的選擇，其結果就會成為現實**。

像這樣，意識到至今為止壓抑住的「真實心情」後，就會遇見結婚對象、有交往對象的人、有孩子的人、獨立的人等等許多的人。

若能發現自己「真實的心情」，自然就能不再受困於自己設下的規則。

例如，能自然想到：「說實話沒有任何人在控制我的人生！但我總是怪罪於父母、○○的錯，雖然滿心憤怒，但卻不敢表明，而是用『活著真可悲。太辛苦了』的態度來傳達我的怒氣。從今以後我不會再做這種事了。」

我們會用其他各種各樣的事情來表達憤怒。

例如，過著混亂不堪的生活而生病、引發事件或事故等等，會在無意識間讓自己不幸，藉此來表達「我之所以會這麼不幸是因為沒有得到來自父母的愛！」的憤怒。

另外，無論年紀多大，都會有人一直想著：

「因為我沒有從父母那裡得到充分的愛，所以性格這麼扭曲」

「不知道變幸福的方法」

「心裡的傷並未痊癒」

並感到痛苦。

我一直都跟有這些煩惱的人說：「**世上沒有因為子女的痛苦而感到開心的父母**」。

但是，也有些人會對這件事非常情緒化。情緒化是因為還沒準備好面對這件事而已。

對每個人來說都有所謂的時機。

情緒化是來自小潛的訊息，想告訴你：**「心中的想法阻礙了你的幸福（自己設下的規則、嫉妒、攻擊思考）唷。**希望你能重新審視問題，邁向幸福。」

小潛在任何時候都是與小顯一心同體，不會逃跑，總是待在你身邊。

像這樣，為了移除自己設下的規則，必須要與小潛取得親密的連結，挖掘真正的想法。接著，為了挖掘真正的想法，就必須**「接受來自父母的愛」**。

這是因為像第一三七頁專欄提到的那樣，讓困擾轉變為現實的思考，是以在零～六歲間留下的記憶（不管是好事或是壞事）為基礎。

特別是童年時期的負面記憶，因為主要都是與父母有關，所以必須重新檢視童年的記憶，回想「被父母愛著的事」。

但是，也不須要焦躁。若難以想到「被父母愛著的事」，不須要勉強自己非要想出來。重複進行到Ｄａｙ５為止的練習，漸漸就能自然想到「我或許是被父母愛著的」。緩慢地依照自己的腳步來改變思考吧。

那麼，讓我們進行從真實的感受尋找**根深蒂固的信念（自己設下的規則）**的練習吧。

透過意識到在不知不覺中深信「這個一定是這樣吧」，就能擺脫自己設下的規則，與現在不同，你將能創造真正想要的現實。

Work 6

# 與小潛好好相處的對話練習

（推薦度十五分）

這個練習將更深入挖掘你心中的真實想法。

這次的練習雖然也可以一個人進行，但我推薦兩人以上一起進行，因為可以接觸到大家的想法。

這是個非常重要的練習，可以讓你更輕鬆的生活，請盡可能坦率的進行。

〈事先準備的物品〉

- 鉛筆或者是原子筆（任合顏色都可以）
- A4大小的紙張或是B5大小的筆記本

※若可能，請兩人以上進行這項練習。

〈步驟〉

1. 寫下「所謂愛就是〇〇〇吧」

2. 思考步驟1〇〇〇可填入的詞彙，想到什麼就寫下來

※若有好幾個也沒關係，全部寫下來吧。

※請盡可能感受自己內心真正想法並寫下來。沒有所謂的對或錯

例）所謂愛是活力的來源。
所謂愛是不確定的事。
所謂愛是能給予安心感的事物。
所謂愛是欲擒故縱　等等。

3. 注意以下三個重點並分析在步驟2中寫下的詞彙

①寫出了什麼樣的詞彙？

例）所謂愛是活力的來源↓正面的話語。
所謂愛是不確定的事↓負面印象的話語。

所謂愛是能給予安心感的事物↓溫暖的話語。
所謂愛是欲擒故縱↓不太正面的話語　等等。

②寫出了多少項？

③寫下的話語偏向哪種類型？

例）負面的話語居多。
不信任感強烈 等等。

※寫出很多項的人，請釐清整體的方向。

※若與多數人進行這個練習，請釐清全體成員書寫的方向。

4. 理解在步驟2中寫下的詞彙可以影響到所有事。⬅

5. 向小潛喊話⬅

「小潛，謝謝你讓我意識到我一直認為『所謂愛是○○○』。透過生活中各種各樣的事，讓我看清了這個想法。感謝你所做的一切。從現在開始，我將停止這麼想。從現在開始，我要創造出新的、『所謂愛是△△△』的現實。請多多指教！」

※自由替換想法，把詞彙填入「△△△」吧！

例如「所謂愛是喜悅」「所謂愛是給予平靜」「所謂愛是湧現出活力」「所謂愛是會逐漸湧出更多」等等，請填入讓心情變好的詞彙進去吧。

※盡可能用溫柔的聲音去說吧。

✦練習

**＊所謂愛是「　　　」**

・所謂愛是「　　　」

・所謂愛是「　　　」

・所謂愛是「　　　」

・所謂愛是「　　　」

・所謂愛是「　　　」

・所謂愛是「　　　」

**＊分析以下三點**

①寫出了什麼樣的詞彙？

2 寫出了多少項？

3 寫下的詞彙偏向哪種類型？

**＊向小潛說話**

小潛，謝謝你讓我意識到我一直認為「所謂愛是＿＿＿」。透過生活中各種各樣的事，讓我看清了這個想法。感謝你所做的一切。從現在開始，我將停止這麼想。從現在開始，我要創造出新的、「所謂愛是＿＿＿」的現實。請多多指教！

各位覺得如何呢？

我們要像這樣確實對小潛輸入**「想創造出新的像這樣的現實」**。若是在可以說話的環境，請好好對小潛說出來。

在【與小潛好好相處的會話練習】的步驟3中，把寫下的詞彙做整體分析。這個分析的結果就是小潛大致的狀態。

- 負面的詞彙較多
- 正面詞彙與負面詞彙各半
- 整體而言不信任感較強
- 整體而言偏向樂觀

等等，來看看是偏向哪種情況吧。

請不要做出批判，像是「比較負面真是不行啊」「正面比較多很棒」，只要想著「原來有這種傾向啊，我知道了」並接受這樣的自己就好。

寫出比較多負面詞彙時，反而容易發現事情無法順利進行的原因。

另外，與多數人進行【與小潛好好相處的會話練習】時，將自己寫下來的東西給別人看，也表示將你隱藏起來的想法表現出來。

例如，你只寫了許多正面的詞彙，其他人寫了許多負面詞彙的情況時。此時就是小潛想說：「你其實意外地有很多負面想法唷」。相反地，對對方來說，則是傳達出：「你其實意外地有很多正面想法唷。」的訊息。

察覺到這點就能注意到你忽略掉的想法。

這麼一來，你就會發現：「啊～雖然我光想著要正面思考，實際上並沒發現自己惶惶不安，所以才會明明積極投入工作，但團隊裡的人都很消極。這不禁讓我疑惑『為什麼？』並感到焦慮。謝謝小潛讓我察覺到這件事。」你就會像這樣得知至今為止無法解決問題的原因。

所以請務必與其他人一起進行這項練習。

## 以真實感受來面對負面思考

我們的小潛裡擠滿了大量的思考，不只是正面思考，也充斥著負面想法。正面的思考能讓我們積極、樂觀向前，所以請抱持著「感恩」的心情珍惜。

相反地，若放著負面想法不管，它就會開始胡作非為，讓你變得壞心眼、暴躁，所以請好好照顧它。

在照顧負面思考時，最重要的就是察覺並接受。不要對自己的負面思考做出「好・壞」的評斷，要想著「原來我認為是〇〇啊。真的是這樣呢」溫柔地與自己對話。

順便一提，雖然在練習中寫下了「所謂愛是〇〇〇」，但因為小潛分不清主語（參考第十頁），所以會附著在其他東西上。

例如，寫下了「難以相信愛」。那麼接下來的主語就會被替換。

・難以相信金錢
・難以相信友情
・難以相信未來
・難以相信自己
・難以相信世間

像這樣讓小潛累積負面思考後，就會引起一連串負面連鎖。

過去的我認為「愛是難以給予的東西」。我有這樣的信念（自己設下的規則）時，不僅是戀愛，甚至連金錢、工作及人際關係等等，全部都不順利。真的非常痛苦⋯⋯。

像這樣不經意的想法也與萬事萬物連結在一起。我們對那些因「莫名」相信而持續出現在自己周遭的事物太漠不關心了。

你過去所有的思考造就出了小潛。

與小潛交談，代表溫柔地與你過去想法的集大成說話，是你療癒自己過去的美好行為。

若你能打從心底珍惜自己，你身邊自然會出現真誠關心你、重視你的人們。這一切都會自然發生，因為現實是由你的思考創造出來的。

乍看之下或許是很簡單的練習，但這是能從根本改變人生的強大練習。請務必試著進行看看。

在不知不覺中察覺到讓自己痛苦的事，並運用自身的力量解放自我吧。

# Day 7

## 試著說「最喜歡」

# 成為「理想自己」的最強想法

終於到了最後一天的練習。

在Day7，將解說那些能解決長年的煩惱、能如自己所願過著每一天的人們都有的、**「讓現實好轉的最關鍵思考」**。

想必各位都有著「希望一切都能像這樣」「想變成這樣」等等的願望，才會繼續閱讀本書吧。

從我開始談論思考的機制以來，人們帶著各種各樣的問題來找我。在這之中，也有許多人的煩惱看似完全沒有解決辦法。

有時，問題非常嚴重的人下定決心澈底面對自己的想法，不僅很快就解決問題，在心靈與物質等其他方面，也獲得了超乎想像的富足。

相反地，雖然也有人「沒有特別的煩惱」，試著與他們談話後，會發現到其實他們對父母感到不滿。而說著「沒有太嚴重煩惱」的人，則須要花更長的時間來實現自己的願望……。

雖然「實現願望的時間差」可以歸因於各種因素，但當中有最重要的一點。那就是使事情能迅速朝向「富足」方向（能感受到幸福的狀態）發展，並且使這個富足狀態持續下去的必要想法。

若這個想法能確實烙印在小潛中，就能創造出安定愉快的人生，而不是像現今起伏不定、時好時壞的激烈人生。

直白地說，那個想法就是**「最喜歡」**。

你是否會想說：「啊？這種事？」

但真相總是出乎意料地相當簡單。

每個人都應該要知道這個簡單的真相，許可自己**「變幸福」**。相當令人訝異的是，我們其實並不允許自己變幸福。

## 「最喜歡♡」就是認同自己的一切

現在我將詳細告訴你為什麼「最喜歡♡」是實現願望最強力的詞彙，以及那會讓你往後的生活充滿安定、幸福及安心的理由。

例如，請先寫下你最喜歡的人、最喜歡的地方、最喜歡的食物、最喜歡的遊戲等等，把你「最喜歡♡」的東西全部寫在紙上。

接著，在寫下最喜歡♡的時候，你是否會自然地露出微笑呢？

我們在與最喜歡的東西產生連結時，會湧現出能量，充滿力量。明明沒有任何人拜託自己，卻會自然地積極行動，平日累積的疲勞也會咻一下被吹散。

例如，儘管在上班日時很難起床，但一到要去遊樂園或約會的日子，就可以在鬧鐘響之前醒來，或是為了下班後可以去最喜歡的藝人的演唱會，平常總是要花費很多時間的工作也能神速處理完……。我想大家可能有過像這樣的經驗。

為什麼「最喜歡♡」能有這麼強大的力量呢？

這是因為「最喜歡♡」完全沒包含在Ｄａｙ3介紹的**被害者意識中**（參考第六十四頁）。是一種很積極、自主的思考。

也就是說，在這個世界裡，完全沒有被強迫的感覺。

當我們做什麼都不順利，其中必定隱藏著**被害者意識**。

被害者意識這個詞或許有點衝擊，給人有不好的觀感。但是我們反而能利用這個強烈的詞彙。

這是因為，當感覺到他人掌握你的人生主導權程度越低，你的人生就會逐漸朝著自己想要的方向前進。

在這之中，重要的關鍵就是「最喜歡♡」的思考。

我們所有人多少都有著被害者意識。

・都是因為○○先生／小姐，讓我感覺很糟糕。
・都是因為△△，讓我有金錢上的困擾。
・都是因為□□，我每天都很辛苦。

等等，或許不是每件事都有自覺，但不知不覺間你就會對社會、父母、伴侶、朋友、職場、學校等等產生某種不滿吧？

並不是說「不滿就是壞事」。

希望各位能理解，不滿並不是不好的事，而是處在深信「自己改變不了」的狀態。

無法擺脫長年煩惱的人，他們的小潛都有某個共通的想法，那就是**「我無法改變」**。

這樣的想法到達極端之後，就無法改變對父母的想法，也就是會變成「我不是因為喜歡父母才來到他們身邊」這樣的想法。

但若要符合讓思考化為現實的規則，「我創造出父母」的想法就變成是創造現實的必要條件。

我們長久以來的思考習慣是從依賴父母的時代（特別是幼兒期）所留下來的，如果父母沒有百分之百滿足自己的需求，就會誤以為「他們不愛我」。

如同在第一三七頁的專欄提到的一樣，父母為了孩子的成長所做的事，對於孩子來說全都是「不被父母所愛」，會以這種**愛的錯覺**被記憶下來。因著這個想法形成的各種小彆扭跟小壞心眼，在你的小潛裡累積越來越多的彆扭及壞心眼的想法，導致出現在你身邊的都是些壞心眼的人、背叛者、不講道理的人等等各種各樣帶給你不好感受的人。

結果，自己就會持續創造出「看吧，這世間果然很殘酷」「誰都不能相信」等等，讓人生越來越痛苦而且無法擺脫的惡性循環。因而會想著「為什麼有這麼多討厭的人事物！」吧？

但是，人們會犯下很多這種錯誤，因為心靈枯竭、為煩惱而痛苦、苦悶，就能了解到他人心中的痛苦。因此而變得能夠珍惜人、思考愛是什麼，自己成為父母後終於能理解父母對自己深沉的愛等等，這些看似是負面的體驗，經過時間推移後就會明白，那其實是養育自己心靈的寶貴經驗。

就像這樣，你能想起「其實從最一開始就是被父母愛著」時，就能夠意識到，**自己是自己人生的創造主**，能夠掌握人生的方向盤，而非被害者。

首先要理解充滿不滿的自己。

完全不須要想著「有不滿的我很糟糕！」

雖然我們已經在Ｄａｙ１到Ｄａｙ６談了過度苛責自己只會阻礙自己的幸福，但當因為苛責自己而無法前進，就代表還沒有「邁向新人生的勇氣」。

我們會在無意識的情況下，透過靜態的憤怒，例如埋怨「都是某人的錯」「都是因為這件事」來正當化自己的悲傷、選擇不改變以得到表面的安心感。

內心深處的小潛非常了解這樣的自己，因此才無法消除焦慮不安，總有股燃燒不完全的苦楚。

有時候，我們會有

**・沒有這樣的事**

**・不是我的錯**

**・百分之百是對方的問題**

等等這種強烈的想法。

這時候要注意的是，幸福並不是尋找「誰對誰錯」「誰壞誰不壞」。

首先請注意到，我們把太多精力放在批判是非對錯上，忽略了自己的幸福。

你是要繼續在小潛中設定一個會**引發不合理事情的人**，還是**選擇改變會發生不講理事情的思考**——。

這就是決定你是否能在人生中獲得真正幸福和自由的重要思考差異。

換句話說，要能夠意識到自己是否有不滿的心情，當每次積極審視自己的內心，察覺到在不自覺中其實有著不滿，就在心中宣言：「啊～這麼一來會讓被害者的雪球變得越來越大吧。謝謝小潛告訴了我這件事。能夠察覺到不滿真是太好了。從今天開始我會停止當被害者，改當自己人生的造物主！」

能夠溫柔接受自己一切的負面部分而不排除時，就能活得更輕鬆。

職場上苛薄的人會變溫柔、以前見面就發牢騷的父母會突然對你和藹可親、本來態度曖昧不清的人突然變可靠……。

你應該能夠察覺到身邊的人變得朝氣蓬勃、溫柔，笑容也增多了起來。

那是因為「小潛的狀態變好，你的現實也開始改變」。

以下就來介紹讓「每天理所當然都過得很愉快」的必做練習吧。

## Work 7 最喜歡♡練習

（推薦度五分）

「最喜歡♡」的想法是擁有最強大、充滿活力的、改變現實的力量。

這項練習能讓小潛留下強烈的「最喜歡♡」想法，然後無條件大量創造出快樂的事。

〈事先準備的物品〉

- 鉛筆或者是原子筆（任何顏色都可以）
- A4大小的紙張或是B5大小的筆記本

〈步驟〉

1. 你最喜歡的事、最喜歡的物品等等，寫下所有「最喜歡♡」

2. 試著寫出最喜歡♡的事物，好好感受充滿能量、興奮、溫柔的心情

※請仔細感受每一種感覺，這麼一來你的心應該也會沉靜下來。

※若能試著一一念出自己寫下的最喜歡的事會更有效果。

◆練習

*最喜歡的事、最喜歡的物品

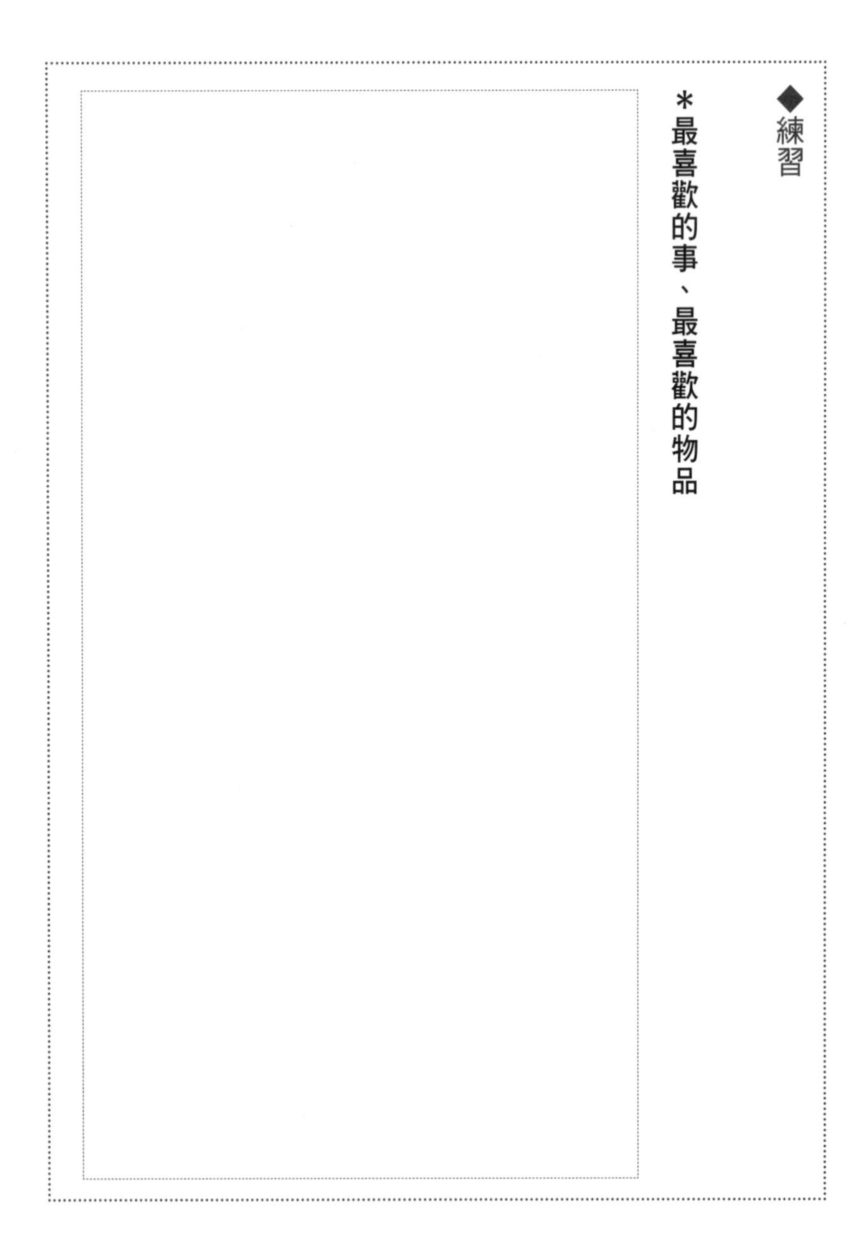

如何呢？是不是覺得很興奮呢？

我們太常關閉自己的感覺，被「事情應該要這樣做」「要那樣行動」等等的想法困住。結果，變得越來越不知道自己真正的想法，這就是造成焦慮的原因。

進行【最喜歡♡練習】時，你心中會逐漸增加許多喜歡♡的想法，會漸漸能夠自動感受到「最喜歡！」「開心！」「快樂！」「興奮！」的心情。

因為近期之內一定會發生比想像中更愉快的事，所以請盡情享受練習吧。

特別是因為想法會在就寢時累積在小潛中，推薦把這練習當作是睡前的習慣來做。在紙上寫下自己最喜歡的事，如果在就寢前進行想像，對創造美好現實非常有效果。

＊＊＊

接下來，推薦想將【最喜歡♡練習】養成習慣的人，**也就是希望能夠快速想像出最喜歡的東西**的人，要來做做看至上的最喜歡練習。

那就是不管在任何時候，一直重複念著**「最喜歡父親、最喜歡母親」**這句話。只要這樣就好（父母已去世的人、因為各種原因不知道父母在哪裡的人，或是因為再婚所以有多位爸媽的人等等，都可以念這句話）。

對此，大家應該會有「哎？只要這樣？簡單啊」「哎？等等這個有點……」「不行不行……」等等各種想法吧。在我的學員中也有人會哭著說「辦不到」。

如果真的覺得「做不到這個練習」也不用勉強。

就只是現在還無法原諒自己而已。無法坦率對父母說「我愛你♡」時，必定是心中有某種痛苦，有各種各樣的想法在你心中翻騰。

但是，希望大家記得，當你某天能夠坦率說出「最喜歡父親、最喜歡母親」，你就能打從心底愛自己，允許自己**不再創造出沒道理又痛苦的現實**。

不管是誰，又或者有什麼樣的過去，都是打從心底愛著父母，被父母所愛的。因為你現正存在這世界上。

如果不被父母所愛，你就不會存在吧。每個人都能得到來自父母的愛，這正是你存在的原因。

無論現在的你對父母的感覺如何，總有一天你會知道他們是永遠愛你的。可能是現在，也可能在未來。雖然每個人的時間各有不同，但總有一天大家都能意識到父母是愛著自己，如果沒有愛，自己就不可能存在。

請不要責備現在無法坦率說出、無法想著「最喜歡父親，最喜歡母親」這件事的自己。

只要溫柔地接受**「現在無法這樣想呢」**這件事就好。

接著，每天愉悅地寫下或說出自己「最喜歡♡」的事，在日常生活中增加最喜歡的想法。

每個人的變化速度不同。不要慌張慢慢來，與自己的小潛成為朋友，現實就會確實改變。

另外，若有人毫無困難地能坦率說出「最喜歡父親，最喜歡母親」，請試著多重複述說幾次。而且，能夠說出「最喜歡父親，最喜歡母親」時，內心會感到安定，身體中隱約的不安會迅速消失。

其中肯定有人會覺得「我只要可以活下去就好」。但父母是你生命的根基，當你能夠肯定父母的愛，就代表能完全肯定自己的人生。

「最喜歡♡」是能將心中至今為止讓自己痛苦的自卑感、在心中否定父母的罪惡感等等，一口氣吹散的強力魔法話語。

例如，你的人生中有不得不做的重大決定，或是需要勇氣時，請試著在心中念出「最喜歡父親、最喜歡母親」。當能夠想著「因為我是父親和母親的孩子，所以沒問題！」應該就能迅速做出決定、拿出勇氣。

當能夠像這樣自然而然想著這些事，你會發現，自己已經準備好去面對即將發生的所有事了。

而且，至今為止的不安全感、沒有歸屬感也會自然消失。

像這樣能夠做自己時，你偶然想到的願望將會不費吹灰力地一一實現。

# 結語～最後的最後的練習～

感謝你閱讀到這裡！

你覺得這七日的練習如何呢？

首先，來回顧各項練習吧。

Day1　察覺到願望無法實現的原因的練習

Day2　放下嫉妒心讓思考順利化為現實的練習

Day3　讓討厭的人變成友軍的練習

Day4　能不斷增加自我肯定感的練習

Day5　得到大家支持的練習

Day6　與小潛好好相處的對話練習

Day7　最喜歡♡練習

在前半部分的Day1和Day2是認識小潛、為了改變思考方式的基礎整理練習。接著從Day3到Day5的練習是了解如何看待面前出現了你不喜歡的人事物，以及為了不要再有你討厭的人事物出現在眼前所要改變的思考。

練習後半部的Day6和Day7，是討論重新審視與雙親間的關係，這件事很很重要，所以想必會有許多人覺得「很痛苦……」「我做不到……」吧。就算是這樣的心理狀態也沒關係，不要焦急，只要慢慢改變想法就好。

首先，透過本書介紹的練習知道你的小潛狀態很重要。

會產生困擾全都是由你的思考創造出來的。釐清你的思考，將其轉變成不會讓困擾變成現實的想法。

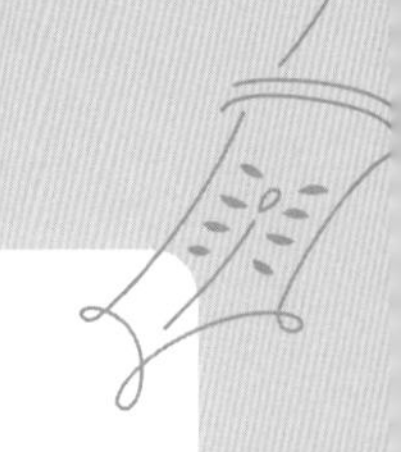

最後，要教導大家逐漸實現願望的訣竅。

那就是，**回想並寫下自己最喜歡的事**。

也推薦將每個月的滿月之日定為寫下最喜歡的事的日子。

和Day7介紹的【最喜歡♡練習】有幾點不同，可以一起**寫下你接下來想獲得的、最喜歡的事物**，像是：

「要是能發生這樣的事就好了」

「要是能得到這些東西就太棒了」

等等。

讀到最後的各位，想必變得比以前更能善待自己吧。

愈是溫柔對待自己，在自己的人生中，就愈能將比至今為止更溫柔以及快樂的禮物化為現實。

不要再認為現實很複雜、痛苦且困難，從現在起，相信自己的思考力可以更簡單、更輕鬆地實現自己的願望，瞬間創造出現實來。

你的思考力量比你想的更強大！

對此，你要更有自覺，並果斷地宣言：「我要放棄創造不幸的一切！」

現在，我將透過與大家分享我經常對自己說的魔法話語，來結束這七日的練習。如果可以，請大家在回憶時一起試著念出聲來。

**大家可以變得幸福**

**世界對我很溫柔**

潛意識魔法：七天創造你的理想人生!/大石洋子
作；陳怡君譯. -- 初版. -- 新北市：世茂出版有限
公司, 2025.1
面； 公分. --（新時代；A35）
ISBN 978-626-7446-46-1（平裝）

1.CST: 思維方法 2.CST: 思考 3.CST: 潛意識
4.CST: 成功法

176.4 113016200

新時代A35

# 潛意識魔法：七天創造你的理想人生！

作　　者／大石洋子
譯　　者／陳怡君
主　　編／楊鈺儀
封面設計／林芷伊
出 版 者／世茂出版有限公司
地　　址／(231)新北市新店區民生路19號5樓
電　　話／(02)2218-3277
傳　　真／(02)2218-3239（訂書專線）
劃撥帳號／19911841
戶　　名／世茂出版有限公司　單次郵購總金額未滿500元（含），請加80元掛號費
世茂官網／www.coolbooks.com.tw
排版製版／辰皓國際出版製作有限公司
印　　刷／傳興彩色印刷有限公司
初版一刷／2025年1月

ＩＳＢＮ／978-626-7446-46-1
ＥＩＳＢＮ／9786267446454（EPUB）／9786267446447（PDF）
定　　價／340元